10 YEARS
OF
GOLDEN EDUCATION
FOR
CHILDREN

抓住孩子
黄金教育的10年

张彦祥

著

四川科学技术出版社

图书在版编目（CIP）数据

抓住孩子黄金教育的10年 / 张彦祥著. -- 成都：

四川科学技术出版社, 2017.1

ISBN 978-7-5364-8542-6

Ⅰ.①抓… Ⅱ.①张… Ⅲ.①少年儿童—家庭教育

Ⅳ.①G782

中国版本图书馆CIP数据核字(2017)第018808号

抓住孩子黄金教育的10年

ZHUAZHU HAIZI HUANGJIN JIAOYU DE 10 NIAN

作　　者　张彦祥

出 品 人　钱丹凝

策 划 人　王长江

责任编辑　罗　芮　张　蓉

封面设计　苏　涛

出版发行　四川科学技术出版社

　　　　　成都市槐树街2号　邮政编码 610031

　　　　　官方微博：http://e.weibo.com/sckjcbs

　　　　　官方微信公众号：sckjcbs

成品尺寸　168mm×235mm

印　　张　17.5　字数 220千

印　　刷　三河市金元印装有限公司

版　　次　2017年3月第1版

印　　次　2017年3月第1次印刷

定　　价　48.00元

ISBN 978-7-5364-8542-6

邮购：四川省成都市槐树街2号　邮政编码 610031

电话：028-87734035　电子信箱：SCKJCBS@163.COM

序 言

我从事小学教育工作 20 多年了，今年 9 月刚把女儿送入高中。

这一路走来，最值得庆幸的，不是孩子考了多少次满分，上了多少个兴趣班，而是从女儿出生到现在，我一直陪在她身边，没有错过她成长的关键期。

教育就像商品，也有"有效期"。

著名作家龙应台曾在她的作品中提到，家庭教育是有"有效期"的，如果我们错过了这个"有效期"，那么很有可能会遇到一个"尴尬期"。在"尴尬期"这个阶段，孩子已经有了自己的意识和主见，无论正确与否，很难再改变孩子的观点和习惯了。

作为家长的我们总是有各种事情要忙，至于养孩子的事，不是老人在帮忙，就是请了保姆。再加上孩子出生后，支出空前暴涨，我们不得不付出更多的精力和时间去赚生活费。以至于很多父母在孩子十四五岁的时候，才发现孩子已经无法掌控，身上出现了各种臭毛病和坏习惯，才想着教育。殊不知，这时候的孩子已经是"儿童后期"了，已接近一个成年人。父母越教育，他越反感，甚至不惜以断绝关系或者拿自己的生命来要挟父母。就像一株小树苗，幼时没有经过修剪，长大歪了，再去纠正几乎没有可能成功。

在教育孩子的道路上，时间越往后，就离家庭教育越远，离社会教育和自我教育越近，父母的影响作用越低。就像龙应台写的"所谓父女母子一场，只不过意味着，父母和孩子的缘分就是今生今世不断地在目送孩子的背影渐行渐远"。当孩子已经渐行渐远，教育能显现的作用就越来越小。

俞敏洪曾在一次讲座上提到，定规矩最好是在 8 岁以下，在 10 岁以前定规矩，孩子还是愿意听你的，为什么呢？因为在 10 岁以前，孩子觉得自己在这个世界上只有一个依靠就是父母，离开父母是活不下去的。

但是到 10 岁以后，孩子觉得离开父母还是可以活下去的。他会逐渐发现，和父母对着干，父母一点办法都没有。

所以，如果家长朋友们不想让小时候的"熊"孩子长大后变成真的人见人嫌的"熊"孩子，父母就要在孩子尚听自己话的时候给予他正确的教育。这个"听话"不是说对父母言听计从，而是愿意和父母一起养成一个好习惯，守规矩，形成正确的"三观"。

3 岁是孩子成长的第一个关键转折期。

这个阶段的孩子强烈地希望独立，也就是家长感觉到的叛逆期，孩子什么都要求"我自己来"。尽管孩子会把饭吃得到处都是，把东西弄得乱七八糟，但家长还是要忍着收拾的麻烦给孩子机会，培养孩子学习、掌握各种事物的独立操作能力。这时家长不要强迫和压制孩子的独立意识，而要因势利导。

3~6 岁，被人称为"潮湿的水泥"期。3~6 岁是孩子个性修正的"黄金" 3 年，85%~90% 的孩子性格、理想和生活方式都是在这段时间内形成的。这一阶段要了解孩子"不乖"的真相，明白孩子的心理特征，知晓孩子的气质类型，才能拉近亲子关系，找对教育方向。

6~9 岁，就进入文化敏感期。

6~9 岁的孩子一般在读小学 1~4 年级，探究事物的强烈需求开始出现。这个时期的孩子好奇心重，爱动脑子，问题特别多，对学校的课程，会感觉"吃不饱"。孩子就像一块肥沃的土地，准备接受大量文化的播种。父母可以在孩子兴趣的基础上，提供丰富的资讯，满足孩子如饥似渴的求知欲。如果孩子的求知欲得不到满足，他的注意力就会被放到其他方面，比如捣乱和多动。许多孩子在课堂上有注意力分散、做小动作等毛病，这也是在这个时期形成的。

孩子的阅读黄金期更是不容错过。

一般孩子 5 岁左右，已经可以看配有简单文字的绘本，这是孩子的阅读启蒙敏感期。随着孩子的识字量增多，8~10 岁，孩子会进入自由流畅阅读的阶段。

从小学 4 年级到初二，这差不多 5 年的时间里，没有像高中过于繁重的学业，处于一个人一生中人生观、价值观、知识基础的奠定期。若能阅读大量文学名著、名人传记、科普读物等书籍，对孩子今后的人生观的确立、方向的选择、人生目标的确定大有裨益的。

音乐才能发展的关键期、语言发展的关键期、社交能力的培养、好的学习习惯的养成等，都在孩子 12 岁之前。

孩子如果在某一个阶段的问题没有解决，将会遗留到下一个阶段去，这样一来，随着孩子年龄的增长，问题会越积越多，养成习惯就会积重难返。结果，很可能会造成早恋、网瘾、弃学、离家出走、处理问题极端、人格偏执等等问题。到那时候，家长就后悔晚矣。

所以，抓住 3~12 岁这 10 年的黄金教育期，及时实施相应正确的教育，为孩子创造优越的客观条件，孩子的智商和情商都会得到很好的提升。相反，如果孩子先天条件较好，但在每个关键期都缺乏适当的教育，孩子可能永远也无法将先天优势发挥出来。

奉劝各位家长，不要等到孩子进入青春期，对你不理不睬，说什么都听不进去时才想到挽救，才想到自己的教育出现了问题，想跟孩子坐在一起聊一聊的时候，彼此的心与心却隔着万丈鸿沟。

孩子的成长规律，不能逆着规律来，也不能拔苗助长，那都会适得其反。教育孩子，就是一个顺其自然在什么年龄阶段培养孩子掌握什么品质和技能的过程。只有采取正确的教育方式，孩子才能长成一棵笔直的参天大树，才能成为栋梁之材。

目　录

/ 第三章 / 给孩子一个好性格

/ 第四章 / 训练孩子专注力的最佳时间

/ 第十章 / 12 岁前的社交能力，
影响孩子一生

/ 第十一章 / 好的学习习惯
要在孩子 12 岁之前养成

/ 第十二章 / 伤什么都不能伤孩子的心

第一章

教育的关键期一旦错过，终身难弥补

1. 12 岁前的孩子最具可塑性

每年的 6 月底，学校都会给小学毕业的孩子们开欢送会，看着孩子们从进校时懵懵懂懂，变成了个头几乎接近成年人的少男少女，我心里总是感慨万千。

我当了很多年班主任，一般都是从小学 1 年级跟班到毕业，亲眼见证了孩子们的成长和变化。小学阶段加上幼儿园那几年，这段时光绝对是孩子成长中最重要的时期。

中国台湾女作家龙应台曾讲过这样一个故事：

有一次龙应台去拜访一位朋友，看见朋友 18 岁的女儿，衣着新潮，拿着香烟，和男朋友有共同的刺青，对大人们爱答不理。龙应台回想起来第一次见到这个女孩时，她才 8 岁，当时龙应台拿了一瓶日本清酒，女孩不懂日语，却能把酒瓶上的日语和樱花都临摹在纸上。

此后龙应台多次劝朋友带女儿去学些东西，如艺术之类的。朋友却总找出很多理由来搪塞。龙应台感慨地说道："我不认为她的父母现在有资格去批评女儿。现在才想教育已经不可能了，理由很简单，那就是因为他们错过了孩子教育的黄金时期，孩子最终变成了另外一番模样。"

教育黄金期，就是3~12岁。这个时候，孩子单纯、童稚，完全依赖父母去认识这个世界，这正是对孩子施加教育的最好时期。同时，孩子自身的智力、心理都在以几何倍数增强，此时，教育越全面，孩子成长越顺利。

处在教育黄金期的孩子是最具可塑性的，因为孩子的智力和性格发展到12岁就基本定性了，这一阶段的孩子具有极强的吸收能力，同时想象力与创造力也是最好的，拥有着很强的好奇心和求知欲。

记得刚从事教育工作的时候，我带班当班主任。班里有一个学生叫琪雅。琪雅的妈妈在第一天报名时就对我说，琪雅这孩子胆小，她爸爸又常年在国外，自己工作也忙，拜托我多多费心。

琪雅胆小，开学的第一天我就领教了。第一节是班会，我让每个学生站起来介绍一下自己，唯有她盯着自己的脚尖，忍不住抽泣。

后来和她妈妈沟通，她说琪雅从小就很胆小，每天送她去幼儿园，她都不敢抬头和老师打招呼，上了3年，只有屈指可数的几次是她主动和老师打招呼的。

一般的孩子喜欢被表扬，一夸就高高地举起手要求发言，但琪雅不同，无论多少鼓励，到了她那就像遇到了铜墙铁壁，自动无声落地。

最开始各科老师都会主动请琪雅发言，但每次琪雅都支支吾吾半天，脸憋得通红，声音小得比蚊子嗡嗡声大不了多少，后来老师们叫她发言的次数逐渐就变少了。

不过，我发现琪雅对此好像松了一口气，她貌似很享受这种不被关注的时候。

开始的时候，除了鼓励，我并没想到更好的办法让琪雅自信。虽然每次家长会，我都会和琪雅的妈妈聊很多。

后来，偶然和另一个孩子的妈妈聊天，从她口中我得知琪雅的妈妈早就和琪雅的爸爸离婚，只是觉得琪雅还小，就骗她说爸爸在国外。

我忽然心中一紧，说不定琪雅早就察觉爸爸妈妈已经分开，她的不自信是不是和爸爸的离开有关？

于是，我找了个机会，去琪雅家做了一次家访，委婉地和琪雅的妈妈聊起了琪雅的爸爸。

妈妈认为琪雅并没有和爸爸在一起多久，估计也不会有什么感情，所以妈妈从不在琪雅面前谈起她的爸爸，最主要也不知道怎么谈起他——那个在出了国就抛弃了她们的男人。

和琪雅的妈妈聊了很多，也谈了自己的看法。别看孩子很小，但她已经能感受到自己和别人的不同。比如，琪雅会知道别的小朋友都有爸爸，为什么自己没有？别的小朋友都有爸爸妈妈两个人爱，而自己却只有妈妈。此外，妈妈一直在逃避这个问题，琪雅可能会因此感到自己更加与众不同，所以会在都有爸爸的群体里感到失落和自卑。

琪雅的妈妈对我的说法半信半疑，说会找个时间和琪雅谈一谈她的爸爸。

后来，琪雅的妈妈开诚布公地跟她谈了关于她的爸爸的事情，并承诺会给孩子更多的爱，琪雅虽然很难过，但同时也感受到了妈妈的诚恳，也慢慢接受了这个事实。慢慢地，琪雅变了，变得能和小朋友聊几句了，脸上的笑容也多了。

很多人总是说现在的孩子承受能力差，没有哪个孩子的心理承受能力一开始就是强大或者脆弱的，关键在于父母是如何引导的。尤其是在孩子3~12岁之间，这10年，孩子就像橡皮泥，可塑性最强。

孩子的诚实、勤奋、独立、勇敢等美好品质，也不是天生就形成的。这就像种子，需要父母播种，静等日后慢慢生根发芽。如果父母没有在孩子小的时候播种，等孩子到了青少年时期，有了自己独立的思想和人格，对世界也有了自己的认知，父母再去管教，就如同错过季节播种，难度系数可想而知。

《伤仲永》的故事相信很多人都听过，他天资聪慧，自幼能吟诗作对，乡里人啧啧称奇。仲永的父亲便带着仲永四处写诗赚钱取乐，等到王安石多年后再回家乡，发现仲永早已泯然众人。用现代的话来说，仲永错过了教育的黄金期。小时候聪明的孩子有很多，但是长大后取得成就的孩子很少，一些家长看到孩子的成绩很好，就放松教育，有些家长错误地认为"只要学习好，孩子怎么都行"。教育从来都不只是学习一项，也不是一朝一夕。错过或忽略教育黄金期，会影响孩子的成长和发展。

过了教育的黄金期，孩子怎么成长就是他自己的事了，家长再怎么着急努力也没用，因为这种良好的可塑性不会再有了。这种可塑性能够很好地帮助孩子吸收教育，孩子什么都不懂，但是他在一直学习家长的一言一行。家长在面对孩子的不听话、任性、不用功读书等问题时，应该反思是不是自己错过了孩子的可塑期，使得孩子就连听话懂事的基础都没打好。

中国有句俗语："做贼偷瓜起。"孩子偷瓜，在很多大人看来是顽劣而已，但是如果家长不好好管教，没有正确地引导孩子，孩子就可能越来越肆意妄为，等到发现问题时，再想让孩子改掉恶习就难了。

所以，在孩子最单纯、最信赖父母的时候，家长应该正确地引导孩子，告诉孩子应该拥有哪些品质，什么事情该做，什么事情不该做。孩子也会按照家长的意愿，沿着良好的轨迹成长。

除了品格素质教育，孩子的才艺技能、学习能力，也是要在这一阶段打下基础的。教孩子良好的学习习惯，教孩子琴棋书画，教孩子礼貌说话……可以说在这一阶段，家长想让孩子拥有任何的素质都可能实现。

每个孩子来到世上都是一样的，可是 10 年之后孩子的差距却很明显。在孩子 12 岁前最具可塑性的这一阶段，家长的教育是至关重要的，这 10 年的教育将影响孩子的一生。

2. 错过关键教育期的"狼孩"

你听说过"狼孩"的故事吗？1920 年，在印度加尔各答东北的一个小城，人们常常看见两个神秘"生物"出没于森林，这两个生物跟在三只大狼后面用四肢走路却很像人类。人们打死了大狼，在狼窝里发现了这两个"生物"，原来是两个小女孩。

人们把两个小女孩送到孤儿院，还为她们取了名字，可是想尽办法也没能让她们改掉狼的生活习性——白天睡觉，夜里活动，只吃生肉。姐姐大约 8 岁，妹妹 1 岁多，妹妹在一年后死去，姐姐经过 3 年的培训才能用脚走路，直到 17 岁时死去，智商也只有 3 岁半孩子的水平，只能讲 45 个单词。

"狼孩"的故事充分说明了一个人在年幼时教育的重要性，一旦教育受阻，影响的不仅仅是少识几个字那么简单。在教育的关键期，教育能不断地开发孩子的智力和心理，这对其日后的发展有着至关重要的作用。

还有一个与"狼孩"相反的案例。1972 年，人们在东南亚大森林里找到了第二次世界大战时迷失的日本士兵横井庄一。横井庄一在深山老林里像野人一样生活了 27 年，这 27 年他没见过任何一个人，在长时间的"动物化"生活中，横井庄一逐渐抛弃人类的习惯。当人们找到他时，发现他早已不会说话，动作也几乎没有人类的动作，见到人非常警惕。

横井庄一获救后，人们只用了 82 天时间的训练，就使他完全恢复了人的习惯，适应了人类的生活，一年后还结了婚。

虽然横井庄一过的野人生活比"狼孩"多 20 年，但对他进行教育和训练却比"狼孩"容易得多，其原因就是他没有错过受教育的"关键期"，日后的发展即使出现障碍，也会很快克服困难并恢复正常。

所谓教育的"关键期"，也叫作敏感期，在这个年龄段培养孩子的行为习惯成效最大。如果在这个年龄段对孩子实施某种教育，可以起到事半功倍的效果，而一旦错过了这个年龄段，再进行这种教育，效果就明显差多了。

著名教育家陶行知说过："人格教育，端赖六岁以前之培养。凡人生之态度、习惯、倾向，皆可在幼稚时代立一适当基础。"少年儿童时期是培养良好习惯的关键时期，抓住了这一黄金时期，孩子的发展就能达到事半功倍的效果。

6 个月——学习咀嚼的关键期；

8 个月——分辨物体大小、多少的关键期；

2~3 岁——学习口语的第一个关键期；

2 岁半至 3 岁——教孩子怎样做到有规矩的关键期；

3 岁——学习计算能力的关键期、培养独立性的关键期；

4 岁以前——形成视觉形象发展的关键期；

3~5 岁——音乐才能发展的关键期；

4~5 岁——写字、识字的关键期；

4~8 岁——学习外语的关键期；

9~10 岁——自我意识增强的关键期；

11~12 岁——学习习惯培养的关键期；

总的来说，3~12 岁是家庭教育的黄金时期。

教育的关键期就是给孩子的未来"打地基"。虽然孩子年龄小，但其就能听得进家长的话，对孩子实施教育效果就会很好，不用担心孩子记不住，其实孩子的记忆力比我们大人要好很多。良好的教育会让孩子享用终身，家长完全可以在孩子三四岁的时候，教给他终身受益的品质以及能力。

在教育的黄金期，是对孩子基本素质教育最有效的时期，科学家把这个时期叫作"形成印刻期"，意思是像印章一样印上去，像刀子一样刻上去，在大脑里形成很深的痕迹，影响孩子的终身。

顾舟群在《改变，从习惯开始》里写道："孩子年龄小的时候就像一包熔化了的铁水，它可以浇铸成各种各样的形状。但等孩子长大了，就像冷却了的铁水，变成了一块铁砣子，再改变可就困难了。"孩子的教育关键期，家长必须引起重视，在这一阶段我们把孩子塑造成什么样，日后他便有很大可能成为什么样。

错过教育黄金期的家长，常常在孩子上了初中后，意识到自己的孩子落后于同龄人，对孩子严加看管，要孩子拼命学习，也往往追不上同龄人。因为基础就没打好，应该接受的教育没有接受到，该养成的品质没有养成，指望长大后再去弥补，是极其困难的。

3. 树大自然直？那是骗人的

表妹家有个"熊孩子"，晚睡晚起，吃早饭磨蹭，总要快迟到才踏出家门，还乱放东西，一写作业就烦躁，甚至发脾气摔东西。表妹一管，孩子就哭闹不止，然后每次都以表妹举手投降而告终。

我跟表妹说，赶紧好好教育教育，长大了这任性的脾气还了得。表妹却认为，孩子还小，现在说教也听不懂，等孩子长大一些自然就懂事了。

我不相信这个什么"树大自然直"的鬼理论，作为教师，也没见过哪个孩子一身恶习长大自动变好了，虽然新闻上经常有报道"浪子回头"的故事，但哪个家长敢拿孩子的未来赌一把，看看成了浪子的孩子会不会回头？

这不是让孩子自由成长，而是肆意放纵。现在很多家长常常有一种普遍的误解，以为教育要到孩子懂事以后才开始，或至少要等到小孩子上小学的时候，这时候父母才会开始重视孩子的教育问题。对于这种教育态度，我是不赞成的。

这些家长认为孩子还小，不懂事，教育的事等长大以后再说吧，还说"树大自然直"。这是一个典型的误区。在这种思想下，家长对孩子不闻不问，放任自流，对孩子表现出来的一些不合时宜的举动也置若罔闻，这样下去势必会影响孩子的正常成长和发展。

持有"树大自然直"想法的家长通常表现为对孩子的行为姑息迁就，不及时给予指导，结果孩子变成了"小皇帝""小公主"，越长大越任性，并没有像家长认为"树大自然直"那样变得更好。

孩子的自制力较差，往往不能很好地控制自己的行为，也不会选择正确的学习方法，这就需要家长的适时引导和帮助，正确引导孩子，培养他们的能力，使他们形成正确的人生观和价值观。可是如果因为孩子年龄小，就对孩子身上存在的问题置若罔闻，孩子自然就变本加厉，也不知道什么是对什么是错，所以很多坏习惯就一直保留下来了。

家长以为对年幼的孩子放任不管，是顺其自然，其实错了。顺其自然是顺着孩子的本性，顺从孩子的天赋爱好、自身条件，因势利导地规划他的未来，让孩走得更远飞得更高，而不是不管不问、不加约束任由孩子胡来。

十年树木，百年树人。连种棵树都不是随便挖个坑，把树苗插进去就万事大吉，想让小树长成参天大树需要花费精力和心血，园艺师对小树苗精心修剪，长出的歪枝杈立刻剪掉，绝不会留着歪枝杈成长。原始森林里的树很多都是千奇百怪、造型多变，不够挺拔笔直，就是因为原始森林里没有园艺师的修剪。

不是每一棵幼苗都能够长成参天大树，不是每一个孩子都可以出人头地。对孩子来说，家长的监督与教育是孩子一生的财富。孩子年幼不懂事是可以理解的，但家长要帮其纠正，并不是所有的坏习惯都能够随着长大而改观的。《三字经》里早已有言："子不教，父之过。"孩子生性顽劣、调皮捣蛋、不肯好好读书，多半是家庭错失了教育的最佳时期。在教育的黄金期，孩子的接受能力最强，家长教给孩子的知识往往留在孩子大脑皮层，印象深刻甚至一辈子都不会忘记。

泰曼·约翰逊曾经讲过，成功的家教造就成功的孩子，失败的家教造就失败的孩子。父母的家教出了问题，把孩子养成了"熊孩子"，孩子有很多缺点、毛病，不懂礼貌，目中无人。孩子犹如新发芽的小树，父母如何灌溉，孩子就如何长大。

梁实秋也曾说过："谚云'树大自直'，意思是说孩子不需管教，小时恣肆些，大了自然会好。可是弯曲的小树，长大是否会直呢？我不敢说。"抓住教育的黄金 10 年期为孩子日后打下基础，没有合理管教的孩子成长起来是随意的，幼时那些坏习惯坏毛病全都保留下来了，孩子 10 多岁之后改掉这些坏习惯可就困难了。

所谓"树大自然直"，这种错误的看法将耽误家长对孩子教育黄金期的把握，一些习惯、品格需从小培养，并不是孩子在长大后就能突然领悟的。在这种环境下成长的孩子，如脱缰的野马，没有人拉住缰绳，也没有人指点方向，也就自顾自地成长了。孩子所沾染的不良习气、品质，可能也就伴随孩子一生了。

4. 为什么孩子越大越叛逆

现在的孩子大都是独生子女，从小就被爸爸妈妈以及其他家人宠爱，可是家长突然发现，原来那个乖巧的孩子开始有了自己的想法和脾气，听不进去家长的建议和劝告，稍有不如意就大发雷霆。还有的孩子会故意找人多的地方惹父母不高兴，让父母下不来台，一旦管教就立刻哭闹不已，把家长折腾得无奈至极。

初中部的同事，说她班里有一个小男生，简直是让人头痛死了。在学校和老师对着干，在家和父母对着干。每次和他家长沟通，他爸爸好几次都气得当场脱下鞋子去打儿子屁股。

小男生也不跑，就像个视死如归的小战士，站在那等着爸爸打，一脸的倔强。

据说，小男生在家成天抱着电脑打游戏，还时常趁爸爸妈妈睡着后，半夜爬起来偷着玩，爸爸一怒之下把电脑砸了个稀巴烂。

没想到小男生又开始到附近的网吧玩游戏，怎么说都不听，爸爸甚至吓唬他："你再敢去网吧就打断你的腿！"

可是这吓唬一点效果也没有，父子俩吵了很多次，男孩还顶嘴："我们同学都玩，我玩游戏怎么了？"眼看着初中的学业越来越重，男孩的爸爸谈起此事常常一阵叹息。

我跟同事说，这孩子的叛逆绝不是一天两天养成的。

同事说，这孩子很小就叛逆，在家里，爸爸一直比较专制，开始还能靠暴力震慑住孩子。没想到，孩子越大，越不受掌控了。

孩子今天得到的果，一定是你昨天在他身上种下的因。小时候的叛逆没有正确地干预和引导，就导致孩子长大后叛逆爆发，无法控制。

随着孩子年龄的增长，自我意识也在开始发展，孩子开始意识到"我"的意义，便开始想摆脱家长的控制，希望自己的事情能让自己做决定。但是孩子缺乏良好的控制能力和判断能力，无法分辨自己的行为是否正确。

男孩频繁上网，沉迷游戏是一方面，另一方面则是要跟爸爸对抗，越不让他玩，越要想方设法玩，并在这一过程中找到独立的快感。这几乎是每个孩子的成长必经之路，令家长十分头疼。这种叛逆的成因是多方面的，小时候没教育好是其中之一。

孩子年龄越大越叛逆，纵然，随着年龄的增长，孩子越来越有主见，想法也越来越多，自然有与家长对抗的时候。顽劣叛逆的孩子嫉妒、不听话、惹是生非，则是因为家长任由孩子成长，错过教育黄金期的缘故。

在某种程度上，孩子的叛逆行为是家长之前错误教育长期积累产生的。孩子的某个阶段的叛逆，都是源自于此前家长的错误教育。比如，孩子从小就有求必得，家长听到哭声就妥协了，每次都是如此解决。成长到孩子的叛逆期时，哭闹不能打动家长，就会使用比较极端的办法。

有些孩子在年幼的时候，可能很听话乖巧，家长对孩子很是满意，但是这种听话乖巧可能是在家长的重压之下出现的，并不是意味着孩子真正地想要听家长的话，当孩子一旦成长起来，就可能用处处与家长对着干的方式来表达自己的独立。

青春期的叛逆每个孩子都有，但大部分都是顶嘴、不听话，不会有频繁跟父母对抗，甚至要脱离父母。频繁跟父母对抗，甚至要脱离父母，这已然不是青春期的倔强叛逆，而是成长中遗留的不良习惯和素质的暴露。如果我们家长只是等待叛逆期过去，而没有真正了解叛逆期的根源，那我们的错误教育将会依旧下去，孩子之后的叛逆将会越来越严重。

对于叛逆的孩子，家长不要一味地打压，并不是用力管孩子就能开始听话了。其实在叛逆期的孩子就像弹簧，家长越是压制，反弹得越高，除非把弹簧压断。这个时候要因循诱导，弄明白孩子为什么叛逆，他的目的是什么，只有了解了孩子内心才能够对症下药。

孩子年幼没有意识到陋习的害处，进而演变成叛逆，随着孩子自我意识的形成与发展，其逐渐感觉自己也是个大人了，所以不必再听话。如果家长能够抓住教育的黄金期，对孩子有针对性地进行教育，开发孩子的品格，能够很大限度地避免孩子叛逆的情况。通过教育，家长可以剔除掉孩子的性格缺点，建立一道家长与孩子之间的沟通桥梁，使得孩子对家长保持尊重的态度。

在孩子成长中，有家长的教育"保驾护航"，叛逆的事情就会少很多。在孩子的叛逆到来之前，及早"防患于未然"，让孩子学会合理地发泄愤怒，对自己做过的事负责，使孩子对自己的行为有明确的意义，孩子自然就会听话很多。

意大利著名教育专家蒙台梭利说过："人生的头10年胜过以后发展的各个阶段，胜过10岁之后直到死亡的总和。"错过这段教育的黄金期，潜藏在孩子身上的一些小毛病、小问题，日后积累变多，到了叛逆期不仅惹家长头疼，更严重的是孩子的性格、品质可能出现很大的问题。所以，防止孩子叛逆的最好方法，就是对孩子施加良好的教育，抓住教育的黄金期。

5. 从平凡到卓越，早期教育造就天才

我接触过很多家长，他们最骄傲的往往是我家孩子在幼儿园认识了多少字，会了多深的数学题。也有一些家长认为，孩子上幼儿园，不过是找个看孩子的场所，让孩子不摔着冻着。

其实，孩子的早期教育，并不是为了让孩子认识多少字，也不只是简单的看护，而是孩子接受早期教育的关键期，早期教育是身体、情感、智力、人格、精神全面成长的教育。

曾经几十位诺贝尔奖得主聚会之时，记者问一位荣获诺贝尔奖的科学家："请问您在哪所大学学到您认为最重要的东西？"这位科学家平静地说："在幼儿园。""在幼儿园学到什么？""学到把自己的东西分一半给小伙伴；不是自己的东西不要拿；东西要放整齐；吃饭前要洗手；做错事要表示歉意；午饭后要休息；要仔细观察大自然。"

大部分中国家长对教育目的存在误解。有相当高比例的家长认为早期教育就是提前学习英语、数学，结果导致孩子产生厌学情绪。

很多家长把早期教育和上各种兴趣班、特长班画上等号。比如，有一些孩子三四岁，就被家长花大价钱送去学习钢琴，每天强迫孩子练习钢琴两三个小时，导致孩子看到钢琴就想躲。过于紧张的早期教育不能达到目的，反而会使得孩子产生抵触情绪，一有机会就疯玩个不停。

好的早期教育是兴趣的熏陶，而不是"填鸭式"的技能和知识灌输。我有一对同事，夫妇俩都是搞音乐的，他们的孩子出生后，为了激发孩子对音乐的兴趣，他们就在家里经常播放莫扎特、李斯特等人优美的曲子，也没有教孩子学乐器的计划，结果孩子 4 岁的时候自己就能哼听过的曲子，看到爸爸弹琴，主动要爸爸教，现在这个孩子的钢琴弹得特别棒。

心理学家认为：一个人如果对某一事物产生了浓厚的兴趣，便会自觉自愿地去探索，去学习，并能产生惊人的毅力和勤奋，使其以专注的精力，忘我的精神从事这项活动。

爱因斯坦也曾说过："兴趣和爱好是最好的老师。"我国古代教育家孔子也曾经说过："知之者不如好之者，好之者不如乐知者。"可见，兴趣在学习过程中起到了举足轻重的作用。

而且年龄越小的孩子学习兴趣越是以直接兴趣为主。不过，孩子小的时候并不能理解这份兴趣的维持有时候是需要刻苦来维持的，这是导致他们半途而废、兴趣不稳定的重要原因。

当孩子的兴趣表现为不稳定的时候，父母就出现了两个派别。一个是顺其自然，不想学就不学呗。一个是威逼利诱，不想学也得学。

教育孩子要张弛有度，逼迫和放任都不是好方法。过于放任会导致孩子任性妄为，且让孩子因为懒惰的天性而失去很多宝贵的受教育的机会，而且对培养孩子的性格也十分不利。我有一个亲戚的孩子去年来北京读书，有一次和我聊天说，元旦的时候学校举办文艺汇演，看着那些同龄人在聚光灯下摆弄各种乐器，表现各种艺术才能的时候，好是羡慕。还说自己小时候家庭条件不错，父母也经常"胁迫"着他去上各种各样的兴趣班，但当时的自己每次都是心不甘情不愿地过去"敷衍"一下就迅速撤退。如今好后悔，也很怨恨当时的父母怎么不管教再严一点，毕竟自己当时还小，根本就不懂事。哪怕逼迫自己去学也好过现在自己啥才艺都没有，只能在台下默默羡慕别人。

过于顺其自然会给孩子留下遗憾，过于逼迫也不是好事，过于逼迫容易让孩子对学习产生畏难情绪和疲惫心理，甚至会在孩子心灵上埋下抑郁的种子。

培养孩子兴趣最重要的是尊重孩子。尊重的前提是发现和接纳孩子的兴趣，在孩子兴趣的基础上，帮助孩子开阔视野，增加"兴趣深度"，便能对孩子的兴趣加以引导。让孩子尽可能地体验到成功的喜悦，是巩固兴趣的最好办法。

兴趣建立后，最重要的是巩固。这时就需要父母的引导了，比如，有的孩子对学习舞蹈可以参加各种演出表演活动很感兴趣，但不喜欢舞蹈基本功练习，吃不了这个苦。家长就可以以这种兴趣作为激励点，去促使孩子从事基本功练习的活动。

我们总是期望自己的孩子是天才，其实哪里有什么天才，有的只是正确引导孩子兴趣的家长。当孩子在这个兴趣上投入足够的专注、毅力和热情，就会取得一定的成绩，然后成才。

每个孩子都具有无限潜能，早期教育是把双刃剑，应当以启发引导为主，让孩子接触，孩子感兴趣自然会深入地了解。在教育的黄金期，若能引起孩子的兴趣，引导孩子走上一条属于自己的道路，那么可能"天才"就诞生了。

6. "三岁看大，七岁看老。"有没有科学依据

中国有句俗话："三岁看大，七岁看老。"这句民间俗语，其实是有着科学依据的。埃里克森的"心理社会发展理论"里面解释道，儿童在3岁左右的时候便开始形成自己的行为习惯，习惯一旦养成，要改是极难的。

20 世纪 60 年代，美国的加利福尼亚大学几个研究所共同展开了一项研究，他们从夏威夷州找到 2 400 名不同种族的一至六年级的小学生，让他们填写一份调查问卷，这些孩子的老师根据学生的日常表现，在调查问卷上打分。等到 40 年后，研究所的人员重新找到其中的 144 人进行深入调查，研究人员主要对比 4 项性格特征：是否健谈（语言流利度）；适应性（能否很好地适应新情况）；是否易冲动、感情用事；自我贬低程度（主要看是否弱化自身的重要特质）。

调查的结果很有意思，当年被认为健谈的孩子，在中年时善于动脑，

说话流利，总能控制局面，用智慧发家致富。而当年被认为不善言谈的孩子，在中年的境遇平平，缺少主见，遇到挫折容易放弃，更不善于处理人际关系。

当年被认为适应能力强的孩子，在中年时表现出积极乐观的人生态度，尽管可能生活不如意，但是每天都很快乐。而当年被认为适应性差的孩子，在中年时表现出态度消极，甚至破罐子破摔，家庭事业遇到困难也不去改变。

当年被认为性格冲动的孩子，中年时表现出说话大声，兴趣广泛，广交朋友。

当年被认为不易冲动的孩子，在中年时表现得小心谨慎，用尽一切心思维持自己的生活。当年被认为喜欢自我贬低的孩子，中年时表现出容易内疚，希望寻求安慰，总是没有安全感。

当年被认为自信满满的孩子，成年后表现出强势、雷厉风行的一面。

英国伦敦精神病研究所教授卡斯比也做过类似的实验，卡斯比以当地 1 000 名 3 岁儿童为研究对象，把孩子分为充满自信型、良好适应型、沉默寡言型、自我约束型和坐立不安型。等到 20 年后，这些孩子都长大成人，卡斯比教授再次走访了这些孩子，结果发现这些孩子的性格与当年 3 岁时并无太大差别，

卡斯比教授表示，一个人对 12 岁之前所经历的事情会像海绵一样吸收。这意味着孩子性格形成和能力培养的关键期就在 12 岁之前，这个阶段的孩子跟随什么样的人，接受什么样的教育，就将会形成相应的性格。和其朝夕相处的成人所说的每一句话，所做的每一个动作都可能会深深地烙在孩子心灵深处。

孩子的性格，一半是遗传，一半是后天养成。一个性格急躁的孩子，

长大后大多会做事急躁，不可能一下子变得内向沉稳。所以，教育的意义就凸现出来了。在孩子教育的黄金期，家长可以通过教育引导孩子变得稳重，凡事深思熟虑，潜移默化地改变孩子的性格和习惯，这在孩子年幼时是可以做到的。

在孩子 3~12 岁这一段时间，家长可以做很多事情。家长可能会问：孩子还没上学呢，教他能懂吗？的确，在这个时候教他未必懂，但是他会牢牢地记住，这段时间能潜移默化地对孩子好的性格和习惯养成起到很大作用。

现在很多家长以为，早期教育就是把孩子送进早教机构，自己却很少参与其中。比如带孩子上公园时，有的家长随便带孩子遛一圈，有的则在玩耍时不断增长孩子的见识，两者比较，后者教育做法自然更能影响孩子。

早期教育是潜意识教育，是在个人发展中慢慢呈现出远期效应，可能一时看不出什么效果，但是在孩子成长过程中就会发现，原本胆小怕事的孩子会变得勇敢起来，原本冲动急躁的孩子也开始耐心起来，原本总是任性捣蛋的孩子也开始变得懂事起来，这就说明早期教育的效果显现出来了。

/ 第二章 /

抓住孩子大脑发育黄金期的教育，打造聪明的大脑

1. 睡眠对大脑发育有多重要

英国伦敦大学学院研究表明：孩子在 3 岁时就寝时间不规律，会导致他们在智商测验中得分偏低，这意味着 3 岁是儿童大脑发育的关键时期。5 岁时就寝时间不规律似乎没有影响。而女孩在 7 岁时就寝时间不规律，也会导致智商测验得分偏低。

然而，精力充沛又爱动的孩子大多怕上床睡觉，不管午睡也好，晚上就寝也好，总是能拖一会儿就拖一会儿；就寝时常常把家人弄得鸡犬不宁——追来追去，哭哭啼啼，或是对家长提出各种要求……

遇到这种情况，家长在早睡的问题上必须把握住原则，坚持让孩子在规定的就寝时间就寝；可以给孩子一点缓冲时间，使他能逐渐熄掉体内的兴奋之意。

一天，我在小区里听到几个妈妈在吐槽孩子睡觉的问题，其中一个妈妈说，每天孩子在睡觉前都会和她来一场战争，多数时候是孩子挨一顿打后才哭哭啼啼上床睡觉。

我想到了一个朋友曾给我讲述过他的经历：

朋友的儿子小杰，在上小学的时候，也是睡觉困难专业户。每天早上喊半天起不来，他急得没办法，最后想了一招。

每天将闹钟定在睡觉前一小时，待闹钟响起，便过来向瞪大了眼睛的小杰说道："是开始准备就寝的时间了。如果你能在下次闹钟响之前准备好，就可以多玩半小时再上床；如果在闹钟响之前准备不好，那你必须得马上上床，一直到第二天早上。"

小杰这时洗澡、换睡衣也变得神速了，果然在预定的时间之前准备妥当。于是，他遵守承诺，把闹钟延迟到了半小时之后，并且夸赞了小杰。以后的几星期，他们一直沿用此方法，逐渐开始照着闹钟的时间上床了。

孩子成长的黄金 10 年里，家长如果能有意识地帮孩子培养一个好的睡眠习惯，他将终身受益。有研究表明：人在睡觉的时候，是大脑休息和人体各种激素分泌最旺盛的时间，如果这个时间被剥夺的话，大脑吸收和保存新信息的能力就被限制，长此以往，睡眠不好的孩子自然就跟睡眠好的孩子产生差距。并且，除了影响大脑之外，孩子的睡眠不好还会影响身高、体重等生长发育的各项指标。

随着孩子年龄的增长，睡眠的需要会愈来愈少，家长也必须随着孩子的年龄的增长而调整孩子的就寝时间或午睡时间的长短。还有，孩子的睡眠需要因人而异，即在同一家庭里，弟弟所需的睡眠时间很可能跟哥哥同年龄时需要的会不一样。

一般来说，孩子在婴儿期每天累计睡眠时间要达到 15 小时以上，学前阶段 12~13 小时，小学时要保证 10~12 小时，中学时 8~10 小时，而到了高中及高中以上的睡眠时间就接近成人，每天 8 小时左右即可。

入睡最佳时间大致在晚上 9 点半到 10 点。不要让孩子自行控制时间，就寝时间一经决定，就必须遵守。切记不要用威胁和打骂的方式逼孩子入睡，这样会让孩子产生恐惧感，甚至做噩梦；睡前也不要让孩子做剧烈活动，这些活动也会影响孩子入睡。

为了能让孩子按时入睡，家长可以试一试下面的方法。

家里最好提前半小时营造出一种温馨、舒适的气氛，让孩子感到宁静安全的入睡气息，然后陪着孩子一起睡觉。

家长可以给孩子讲个故事，或是给他们听点舒缓的音乐，都有助于孩子入睡。

如果孩子有午睡的习惯，则应适当缩短午睡时间。

家长可以在孩子入睡前给他读书，讲故事或者听音乐代替剧烈活动。

在这个过程中，让孩子养成规律的作息，做到自觉地早睡早起，使得孩子的生理和心理都能得到较好的休息，从而使得孩子聪明而又健康地成长。

2. 喜欢问"为什么"的孩子更聪明

记得小时候，女儿指着小区里刚刚盛开的桃树，问："桃花怎么会开呢？"

我告诉她："因为春天来了，桃花就开了呀。"

女儿接着又问:"桃花为什么要在春天开呢?"

这个问题还没讲清楚,她又问:"爸爸,地球是从哪里来的?"

"地球是圆的,我们为啥感觉不到呢?"

"爸爸,为什么楼越高就越热呢?"

……

家长永远琢磨不透孩子小脑袋瓜子里在想什么,总是提出一些稀奇古怪的问题,有些还不合逻辑,让家长无从回答。

这就使得有时候有些家长不仅不会为孩子们的提问感到兴奋,相反倒觉得厌烦不已。对孩子所提出的问题大都是随便敷衍一下,并不给予耐心的说明和解释。正是家长们这样的做法扼杀了孩子的潜在能力,等到孩子上了学才大惊小怪地叫嚷:"为什么我的孩子成绩这样糟糕呢?"而从来没有对自己的行为进行反省。

有的家长常常因一时答不出而斥责孩子,或因忙而嫌孩子麻烦,诸如:

"妈妈现在很忙,没有时间跟你讲,你去一旁自己玩儿会儿,啊!"

"你怎么这么啰嗦,别再问了,打住!"

"就你问题多,一天天的,瞎问什么呀!"

家长这种态度不仅会关闭与孩子交流的窗户,还会冷却和扑灭孩子开始萌生的求知欲和日益增长的好奇心。如果这种情形反复出现,就会使孩子逐渐对外在的一切丧失兴趣。

在这个问题上,朋友王茜(她的孩子叫朵朵)就做得很好:每当朵朵提出问题时,王茜总是给予她一定的鼓励,并耐心地解答,决不欺骗朵朵。

在教育上,王茜认为再没有比教给孩子错误的东西更为可恶的了。

在给孩子解答问题时，王茜也是简单明了的，她充分考虑到孩子在现有知识下，是否能完全接受。

更难能可贵的是，当朵朵问到连自己也不懂的问题时，王茜就坦诚地回答说："这个问题妈妈也不是很懂。"这时候，王茜就会带着朵朵一起翻书，或者去图书馆查阅资料。从而也给朵朵灌输了追求真理的精神。在给朵朵的教育中，王茜坚持竭力排斥那些不合理的和似是而非的知识。

旺盛的求知欲是孩子聪明才智的先决条件，做家长的我们不仅应耐心回答孩子所提出的问题，同时还要做到：当孩子提出问题的时候，父母首先要表扬孩子肯动脑筋，耐心倾听孩子的问题并做出正确的回答；不要嫌孩子缠人，这样会扼杀孩子学习的积极性，长此下去，孩子会因为怕父母嫌烦而不敢再提问题。而一个没有问题的孩子本身就是个"问题孩子"。

孩子的提问有时仅仅是表达一种愿望而不是真的要你解答。如"为什么要睡觉？为什么不能看电视？"这类问题其实是在询问做出禁令的原因，你若顺着这个思路去回答"因为宝宝不睡觉就会……"那就错了，比较聪明的回答是"宝宝到了应该睡觉的时间了，应该上床睡觉了。"

孩子的思维简单，很难触类旁通。因此，要引导孩子学会联想，以减少同类问题的反复提出。例如，孩子问"猫为什么不穿衣服？"我们不仅要回答孩子"猫为什么不穿衣服"，还要告诉他"狗、羊、牛等同类动物也是一样的"这样既开阔了孩子的思路，又加深了孩子对问题的理解。

孩子的智力有限，理解力有限，对于他的询问，不一定要解答得很详细，但绝不可随便编个理由敷衍，更不可违背科学乱讲。有些问题一时无法回答，也应该耐心地讲清楚："你好好用功读书，将来自己就会了解的。"这样因势利导地引导孩子的兴趣自然发展，激励孩子将来好好学习，探索未知的领域。

同时还要明白：如果家长想和自己的子女建立良好的关系，就一定要随时准备与他们谈话。随着孩子逐渐长大，他们的问题就不仅仅局限于对外部知识的探求和好奇，他们会遇到更多的心理和思想的困扰，这些困扰隐藏在心灵的深处，需要理解和指导。

总之，为人父母者应该保护孩子爱提问的天性，并多加鼓励，或许你会发掘和造就一个不一样的未来之才。

3. 提升智力从激发孩子数学潜能开始

在女儿的数学启蒙上来看，我的功利性不强，女儿几乎是玩玩学学的状态，想到什么就会直接问女儿，地点不定，内容不定，所以女儿学前的数学状态算是自然状态，没表现出多高的数学分析能力、思维能力和计算能力，总之就是普通得再普通不过了。等到女儿快上小学之前的一段时间，我才开始注意到女儿关于数学这方面的学习。

女儿很喜欢我每天晚上在入睡前给她讲故事，于是，那时我打算将某些数学知识引入到故事中，做到润物细无声……

一天晚上，我给女儿讲故事就这样讲道：在愉快的音乐声中，快乐的动物餐厅开业了，小动物都来参加开业仪式，总共要来 17 只动物，动物餐厅的主人说现在已经来了 8 只小动物，还有几只没来呢？

我趁机向女儿求教："女儿，快用你聪明的小脑袋帮帮我吧。"女儿的小眼睛滴溜一转立马说出了正确答案。

我们可以将小学数学的一系列问题融入到故事中，因为是故事，所以女儿特别感兴趣，丝毫不觉得这是个负担。而且，这些知识其实都是小学阶段陆续要学到的，通过这样的故事，孩子既掌握了数学知识，又听了故事，还在无形之中对数学产生了无限的热情。

就这样我每天将小学数学的内容渗透在故事中讲给女儿听，久而久之，女儿对数学也变得有了兴趣，有时在平时的生活中，她也会时不时地将前一天我讲给她的有关数学的知识运用到她面对的小事情中去。比如：女儿在她过生日的时候我给她买了她最爱吃的蛋糕，她居然把它歪歪扭扭地切开后做了新的组合或排列。

我还时常在平时与女儿的玩耍中给她出一些简单的计算题，给她时间让她解决。同时，我也会告诉她有时候这些问题的解答会有很多种形式，并且跟她一起寻找其他的解决办法。

这样做不仅能培养女儿探索问题、找出结果的能力，还能训练她的逻辑思维能力以及语言表达能力。

对于孩子来说，他们天生对日常生活中的问题有强烈的好奇心，这时我们家长的鼓励可以使孩子更大胆地去探索、发现，这样孩子就会慢慢掌握解决问题的思路与方法，并且知道一些问题可以用多种不同的方法来解决。在这个过程中，我们还要注意训练孩子的推理能力，家长在向孩子提出问题后，要给他们足够的时间来思考，不要急于告诉孩子正确答案，让孩子学会独立思考。

同时，在这一阶段，我也会与女儿进行很多关于数学方面的交流，这样会帮助她对事情的思考，使她有更加清晰的思路，使得她在表述事情上更有准确性，让她对数学所产生的好奇心能保持不变。

每个孩子都是带着聪明的大脑来到这个世界上的，每个孩子都是潜在的高智商的天才。家长对孩子的教育过程，其实就是通过适当的方式将孩子潜藏的智力激发出来的过程。如此看来，如何寻找适当的激发方式就显得尤为重要。从培养孩子数学能力着手，就是一个非常有效而实用的方法。及早地培养孩子的数学能力，对孩子智力的开发具有重大意义。

此外，有时跟她在一起玩耍时，我也会引导她加深数学的知识的印象，跟她一起学关于数字的歌谣：1 像铅笔细又长，2 像鸭子水中游，3 像耳朵听声音，4 像红旗左边飘，5 像秤钩能买菜，6 像哨子肚子大，7 像镰刀割青草，8 像麻花拧一拧，9 像勺子能盛饭，10 像筷子加鸡蛋。

时常让孩子计数有助于提高孩子对数学各方面的理解能力，培养孩子的数感与计数能力，父母也可以利用生活中的一切机会训练孩子对数字的感觉。比如：让孩子去数生活中的实物；鼓励孩子挑选出颜色、形状或大小相同的东西；充分利用生活环境中的数字，比如：楼号、信箱号、门牌号、汽车牌号等；与孩子讨论数字的用途；和孩子一起听天气预报，或读出家中温度计的温度值，等等。

数学本来来源于生活，生活中处处都有数学。创设生活情境就是关注孩子的实际生活，让孩子亲自体验问题情境中的问题，增强孩子的直接经验，孩子接触到生活中的数学，才能体会到数学的价值，从而饱含热情地进行数学学习。

4. 多动手的孩子更聪明

记得之前给女儿讲过这样一个关于孩子多动手的小故事：科学家卢瑟福的父亲是一个聪明又肯动脑子的人，特别喜欢搞点"小发明"。在开办亚麻厂时，卢瑟福的父亲用几种不同的方法浸渍亚麻，制造水车，他还设计过其他一些装置以提高生产效率。

为了培养和锻炼孩子，卢瑟福的父亲经常让孩子帮忙。在父亲的指导下，卢瑟福也喜欢动手，他对周围的一切都感兴趣，表现出非同寻常的创造天赋。

童年时的卢瑟福曾发明了一种可以发射"远射程炮弹"的玩具炮，还巧妙地设计出增加射程的方法。稍后几年，他修好了一个搁置在家里好多年的坏钟，这让全家人大吃一惊，父亲也非常高兴。为了满足自己照相的欲望，卢瑟福用自制的材料和买来的透镜制造出一部照相机。卢瑟福这种自己动手制作和修理的本领，对他后来的科学生涯起了极大的促进作用。别人无法做的实验，他总可以设法在自制的仪器上进行。

卢瑟福的人生成就与他从小受到动手能力的训练是分不开的。我每次在给女儿讲这故事的时候也提醒自己，在平常女儿的业余时间里，也应该多加注重提高她的动手能力。

动手可以把理论与实践很好地结合起来。经常进行操作训练有助于养成细心、整齐、一丝不苟的学习习惯，而且可以培养孩子的实干精神。

专家还以专业的角度说明：手指的运动可以刺激大脑的广大区域，而通过大脑的思考和眼睛的观察又可以不断增加手指动作的精细化程度。眼、手、脑的协调配合能够极大地促进孩子的智力发展。因而给孩子提供更多动手的机会是值得家长重视的教育环节。

让孩子多动手操作，可以促进孩子的智力发育。手指的触觉灵敏度最高，管辖手指的神经中枢在大脑皮层功能区域面积最广泛，仅大拇指的运动区就几乎相当于大腿运动区的 10 倍。若经常活动手指，不仅能促进大脑的发育，而且能增强大脑的思维能力，使人更聪明。

学龄前的孩子好动，有很强的好奇心，他们对一切新鲜事物都跃跃欲试。培养孩子的动手能力，应该从一些小事做起，比如扫地、收拾玩具等。孩子刚刚接触家务，手脚还不够灵活，常常会出麻烦，如桌子越擦越脏、地扫得乱七八糟等等。这时候，父母千万不要对孩子发脾气，要耐心地教给孩子做事的具体方法和技巧。同时，家长的语言和动作要简练清楚，不要啰唆，以免影响孩子的情绪。

当孩子处于童年早期时，手的灵敏活动能对大脑皮质运动区产生良好的刺激，使脑细胞得到锻炼。因此，对孩子进行一些有意识的训练是很有必要的。比如：

（1）撕纸

准备一些五颜六色的纸，让孩子任意地撕成条、块，并可以引导孩子根据撕出的形状想像地称为面条、饼干、头发等等。如果家里有缝纫机，妈妈也可以在比较硬的纸上用缝纫机踏出针孔组成的各色图形，让孩子撕下来玩。

（2）折手帕、纸巾

手帕、纸巾都是柔软的，可以随意折成各种图形，教孩子怎样折出角、边，折成纸船、纸鹤、花朵、扇子等等。

（3）穿珠子、纽扣

让孩子用线、塑料绳把各种色彩、形状不同的珠子和纽扣串起来。

随着孩子动作的熟练和精细程度的提高，可以逐渐准备一些洞眼小一些的珠子和纽扣，绳子也可以逐渐变细、变软。

让孩子用筷子把碗里的玻璃珠或者糖球一颗颗地夹到其他容器里，一段时间后，可以换成颗粒更小的圆形豆子。

（4）比划动作

在唱歌、学儿歌的同时，可以教孩子用小手比划各种动作。

（5）生活自理

随着孩子年龄的增长，可以结合日常生活，让孩子自己系鞋带、穿衣服；自己拿筷子吃饭；外出游玩，让孩子把想带的小食品、餐巾纸、小玩具等装进自己的小书包。这样做既能使孩子学会自己照顾自己，也能使他们的小手得到锻炼。

（6）手工制作

剪纸可以锻炼孩子的动手能力。家长可以给孩子准备一把幼儿专用且安全的圆头小剪刀，教他们学习如何剪纸；拼插类玩具也能很好地锻练孩子的手指，促进孩子精细动作的发展。

随着孩子的逐渐长大，思维和动作都不断发展，这个时期孩子会产生"自己动手"的愿望，父母就可以利用一些简单的工具来锻炼孩子手指的灵巧程度，开发孩子的智力。

培养孩子的动手能力，首先要从"趣"字入手，只有孩子将情感投入到其中，才具有主动性。老话说"模仿是创新的基础，创新是模仿的新发展"。家长可以通过各种活动，启发孩子的创造精神，促使他们通过"动口、动眼、动脑、动手"去发现问题，解决问题，以此来启发孩子的创造性思维。

一次，对门的邻居告诉我，她家孩子最近喜欢上了做各种手工，于是她就时常用一些手工制作的模型或是制作工具来适当地奖励孩子或肯定孩子的这一爱好，所以孩子只要一有时间就动手去搞他的制作，从制作简单的小风车到组合战舰小模型，再到有实用价值的小板凳。当孩子在制作的过程中遇到困难时，她就会过来在旁边帮他做一些辅助性思考或者给他一些启发提示之类的……久而久之，这些手工制作活动，不仅提高了孩子的动手能力，更重要的是，在动手制作的过程中孩子逐渐变得喜欢思考了，逻辑能力好像也提高很多。

在人的大脑里，有一些特殊的、积极的、富有创造力的区域，当双手从事一些精细的、灵巧的动作时，就激发这些区域的活动，否则这些区域将处于沉睡状态。

人的双手能做几十亿种动作，而手的动作又是和思维活动直接联系的。灵巧的手是一个人大脑发育良好的标志之一。要想把孩子培养成创造型人才，就要自觉地培养孩子的动手能力。

在孩子实际操作过程中，家长要注意观察、及时指导，不断帮助孩子总结经验，使孩子明白怎样做才会更好。家长还要注意多鼓励孩子，孩子做事往往不尽如人意，家长要尽量做到既不要多批评，更不能接过来自己代办，否则容易打击孩子的自信心，使孩子产生依赖思想。

5. 在玩耍游戏中开发孩子的智力

3~12 岁这个年龄段的小学生，贪玩是再正常不过的事情，我女儿也不例外。于是，我就在想能不能让女儿在玩游戏的过程中，既能满足她的贪玩之心，又能拓展她的知识面，还可以使她能够得到更好的智力发展。

从这个想法着手，我便一直都在这方面进行学习和研究，看了很多关于这方面家庭教育的资料，让我感触很深的就是陈克正的家教方法，归纳为两个字，就是"快乐"，用一个字概括，就是"玩"。

陈克正认为，玩是孩子的天性，孩子都爱玩，在玩耍中能使孩子们得到快乐。于是，他想，堵不如疏，截不如导，何不把学习融到玩中，让孩子既玩得高兴，又能快乐地提高了学习成绩呢！于是，他决定亲自辅导孩子学习。

当时，学校里正好发了两套答题卡，每套 60 张，每张两面，每面 22 道题，都是简单的加减乘除运算。陈克正注意到了这两套答题卡。他不由心中一动，这不正是个适当的"玩具"吗？他便对女儿们说："爸爸用 13 秒钟就做完了一面卡上的题，你们愿不愿意和爸爸比一比？""好！我们愿意。"女儿们欢呼起来。看来，这种"挑战爸爸"的游戏，孩子们都挺喜欢。

大女儿陈中原做这套题时第一遍花了 30 秒，第二遍只用了 15 秒，第三遍就达到了 13 秒。二女儿陈中静第一次用了 65 秒，练习了 1 个小时后，终于达到 20 秒，可是，无论她再怎么努力也无法超过 19 秒了。她不服输，硬是坐在桌前算了一下午，累得汗流浃背。陈克正心疼了，怕中静从此对这个游戏产生逆反心理，不愿意玩下去，就骗中静说："到了，到了，也是 13 秒！"中静这才松了口气，擦完汗，到一旁休息去了。

老三中州开始玩这个游戏时，竟然兴致勃勃地花了两个多小时，把两套卡上的 5280 道题都算完了。中州在前面算，陈克正跟着批改，那个紧张劲没法提了。

　　"挑战爸爸"这个环节的玩法，只是训练了孩子们做题的速度。当她们做题的速度达到一定程度之后，陈克正又用另外一种玩法，开始训练孩子们做题的准确率。因此，他允许这两套卡上的错误率到1‰。

　　看起来似乎很难，但在陈克正所创造的游戏中，3个女儿都乐呵呵地参与其中，渐渐地孩子们不仅对学习有了极高的兴趣，学习成绩也都大有提高。

　　陈克正还为女儿们发明了"一瞬二字""一瞬多字"的阅读方法。"一瞬二字"就是把两个汉字看成一个阅读符号，"一瞬多字"就是把多个汉字看成一个阅读符号。例如，将"中国""中华人民共和国"都当成一个"国"字来读，这样就可以大大提高阅读速度。

　　他让女儿们阅读周而复的小说《上海的早晨》一书的第14章，这一章共12 000字，女儿们用4分钟就读完了。为了检查女儿们是否囫囵吞枣，陈克正自己特意用14分钟阅读了这一章，并草拟了十几个问题来考问女儿们，结果她们都完全正确地回答出来了。阅读时间被如此压缩之后，女儿们不但学习的时间更多了，而且所读的课外书也增加了，做到了学习、玩耍两不误。

　　陈克正把"玩"字在教育孩子上发挥到了极致。即使是一些枯燥乏味的课程，陈克正也要女儿们动一番脑筋，想办法去"玩"。

　　反观自己"玩"的学习教育方法，陈克正总结出了"玩"的学习核心：要想让孩子的学习成绩得到提高，家长需训练孩子的"速度、智力、正确率"，同时，要做到"三导"——引导、辅导、指导。培养孩子的学习兴趣，最终把学习当作一种快乐的事来"玩"，让学习成为孩子的一种快乐——一种其他游戏和玩具都无法替代的快乐。

　　陈克正还认为，在玩这些看似简单的玩乐游戏过程中，可以培养孩子的多种认知能力。在玩游戏的过程中，孩子总是保持注意力高度集中的状态，认真观察周围环境和事物，寻找有利于自己的条件，在无形中丰富了孩子的感性认识。因此，玩游戏可以培养孩子的专注力和观察力。有些游戏需要不同的场景和变化的情节来支持，这些场景和情节可通过孩子的想象来确定。孩子为了使游戏有更丰富的场景和更有趣的情节，就会展开许多天马行空的想象，这样就很自然地激发了孩子的形象力，而且培养了孩子们解决问题的能力。孩子在玩游戏的过程中会不断回忆以往的经历，并把自己的经验应用到新的游戏中；在玩游戏的过程中，可以让孩子对已获得的知识和经验加以验证和巩固，同时还可以提高记忆能力。

在游戏中，孩子们为了确定什么样的游戏内容、制订更合适的游戏规则、把过去的经验与当前的情景结合起来、角色如何分工、角色之间如何配合行动等问题而不停地开动脑筋认真思考。这样，在不断寻找方法解决问题的同时，不仅为孩子带来了游戏的快乐，更增强了他们逻辑思维的能力。

6. 快速阅读有助于开发智力

阅读能力是我们对孩子受教育程度的考量之一，一般我们鼓励孩子从3岁开始学习基本的阅读技能。而快速阅读则适宜从 10 岁开始，这是一种非常重要的开发智力的方法。

根据奥地利专家理查德·巴姆贝尔博士的研究："人们通过视觉器官

认识语言符号，反映在大脑中又转化为概述，许多概念又组成为完整的思想，然后发展成为复杂的思维、联想、评价、想象等"。

在平常阅读时，主要使用左脑的功能，而在快速阅读时，则充分使用左右脑的功能作用。心理学家和医学家的研究也表明，具备速读能力的学生比读速慢的学生成绩优良，因为速读有助于提高人的思维过程和合理组织学习的进程。

女儿读小学 3 年级的时候，认识的字已经达到一个初中生的水平了，这时候我开始尝试着带她快速阅读，一般是翻到一篇童话，先让她快速地看一遍，然后我考她童话的内容，询问读后感，最后跟女儿一起回顾一遍童话内容。

普通书籍以每分钟 500 字的速度阅读，可使视力和思维同时积极活跃，在大脑中留存的信息可达 90%，而每分钟读 200 字，向大脑传递"慢镜头"，会无形地钻进别的思维，留存在大脑中的信息只有 10%。所以我看到女儿在用快速阅读后，基本上对每一篇看过的童话都记得住大体情节。

快速阅读能力使孩子对阅读的兴趣大大增加，同时也能提高孩子的逻辑思维能力，因为他要全神贯注地快速吸收眼前的字，并转化为想要的信息。年龄越小的孩子进行快速阅读效果越好，而年龄大的孩子，由于在传统教育模式的规范下，长期依赖抽象思维，则大大抑制了大脑右半球形象思维和形象记忆的功能，一般 10 岁左右进行快速阅读训练效果最佳。

当然，让一个喜欢玩具的孩子捧着一本书进行快速阅读，并不是件容易的事。我见到一些家长也教孩子快速阅读，可是孩子只是根据吩咐读了一遍，速度倒是挺快，可是读完就忘记了。

对此，家长们应该循循善诱，激发孩子主动阅读的兴趣。在方法上，先跟孩子谈谈文章的题目，让孩子说一下对该文章的看法，然后再去读书，这样就能让孩子在阅读中做个有心人，抓住自己想知道的问题的答案。

还有一些孩子阅读习惯不好，如习惯用手指着字句、不用嘴读看不下去、手指放在嘴里等等。改变这些阅读习惯是尝试快速阅读的首要任务。

在最初培养孩子快速阅读时，可以规定其在 3~5 分钟之内看完一篇字数为 500 字的文章，告诉他们生僻的词句或者段落可以跳过，不要"卡壳"。随着训练的次数增多，孩子就会觉得一些没看懂的词句也不需要回视，他们开始懂得联系上下文理解没看懂的地方。

孩子阅读四个字的成语，目光要停顿 2 次甚至 4 次，那么家长就要重点训练孩子不要一眼只看一个字，而是要看一个词组、一个句子甚至一个短行，由此逐步扩大视线的广度，减少目光停顿的次数进而提高阅读速度。

为了帮助孩子适应这样的阅读方法，家长可以先让孩子识记一些常用的成语、俗语、谚语以扩大词汇量。在阅读时就可以有意识地以成语或词组为单位进行阅读，然后再逐渐扩展，这样就会对提高阅读速度起到立竿见影的效果。

下面介绍一下快速阅读的训练方法，可以针对自己的孩子的特点进行调整：

（1）浏览法

浏览法是从总体上粗略掌握书中大概内容的一种阅读方法。它可以在有限的时间内尽可能广泛地了解信息，有助于开阔视野。

浏览书的关键位置，如篇名、目录、序言、正文开头结尾和转折处。

（2）扫读法

扫读法就是常说的"一目十行"，大容量获取信息的一种快速阅读方法。将视线尽可能地扩大，眼睛一次盯着数行文字，并且能够在大脑中飞速出来蜂拥而至的文字信息。

（3）跳读法

跳读法指跳过一些无关紧要的部分，直接阅读关键性内容的一种阅读方法。跳读与扫读不同，扫读是逐页扫视，而跳读则是有取舍的跳跃式前进。抓住标题、小标题、黑体字等关键处跳读，因为这些往往都是文中主要内容。

（4）猜读法

猜读法是指在读书和文章时，以所了解的题目或已看的前文作为前提，对后面的内容预作猜想，随着猜读准确性的提高，读者在阅读中领会把握作品内容的时间就会大大减少。

总之，对孩子进行快速阅读训练是非常有必要的，在提高阅读能力的同时，还能提高孩子的智力水平。

7. 想象力关系着孩子智力的发展

3~6岁是培养孩子想象力的最佳时期，也是这个教育黄金期的重中之重。

几对父母在一起领孩子玩的时候，做过一个游戏。其中一个家长提问题，孩子来回答。

有一个父母问的是："雪融化后是什么？"

听了这个问题，孩子们争先恐后地回答，内容五彩缤纷。有的说："雪融化后是春天。"有的说"雪融化后是绿色。"还有的说"雪融化后是动物们的节日"……

几个家长听后都很感慨，他们说自己的答案都不好意思说，和孩子们的答案比起来是那么苍白没有生气。他们想出的答案空前一致，那就是"雪融化后是水。"

进入小学，中国的教育基本就是流水线似的。而如果我们不在小学之前的这几年关键期培养孩子的想象力，那孩子未来的世界将是多么贫乏和苍白。

在美国，曾发生过这样一个件事：

1968 年，内华达州一位叫伊迪丝的 3 岁小女孩告诉妈妈，她认识礼品盒上"OPEN"的第一个字母"O"。这位妈妈非常吃惊，在得知是幼儿园老师教女儿的，她一纸诉状把幼儿园及老师告上了法庭。

理由是她的女儿在认识"O"之前，一直说那是苹果、太阳、足球之类的圆形东西，可是幼儿园教她识读之后，女儿就失去了这种能力。这种理由似乎很强词夺理，然而此案在州法院审理后，判定幼儿园败诉。内华达州甚至改写了《公民教育保护法》，在里面添加了幼儿在学校必须拥有的两项权利：（1）玩的权利；（2）问为什么的权利，也就是拥有想象力的权利。

想象力是智力水平的一种体现，无论你希望自己的孩子将来从事哪项工作，都要用到想象力，弹琴绘画要用想象力创作，学业中的物理、数学也要用想象力构建逻辑思维能力。当孩子具备了语言和运动能力时，就开始逐渐增多与外界接触，对大自然的各种现象越来越感兴趣，并经常向大人问这问那，这些在大人看来是很平常的事情，但对孩子有极大的吸引力。这是儿童想象力发展的关键时期，也是我们做家长应当特别注意的时期。

孩子会用独特的视角为我们呈现想象力，如他们会把饺子说成是月亮，画一个圆表示是太阳。对小一点的孩子，家长可以做一些测试，比如说，看到一幅画上趴着的猫，家长可以问孩子猫在做什么，如果孩子缺乏想象力，可能只能说出"睡觉"一个答案，但如果是想象力丰富的孩子，可能有很多新奇的答案。

带孩子去逛超市，看孩子是否喜欢符合他年龄段的益智玩具，如果他只对低于他年龄段的玩具有兴趣，或者对哪一类玩具都没兴趣，说明孩子不能面对新挑战、克服新困难，这也是缺乏想象力的表现。

培养孩子想象力很重要的一点是让孩子自己动脑。中国的太多家长总是"嫌麻烦"，孩子一提问，家长就立刻告诉答案，久而久之养成了孩子不动脑有事问家长的习惯。我见过很多家长在面对孩子的"妈妈这是什么、那是什么"询问中不耐烦，甚至当孩子询问"1+1等于几"时，告诉孩子"记住等于2，不要再问了"。

这无疑是在扼杀孩子的想象力，孩子的想象总是漫无边际，需要有大人来引导。这种引导不是干预，孩子画出一幅画，上面有绿色的太阳，有的家长直接让孩子把绿色改成红色，可是孩子心中的太阳就是绿色，这样做会很伤孩子的心。

引导是对孩子进行延伸性的提问，如见到一株漂亮的花，可以询问孩子这朵花在想什么；询问孩子四方形能做什么……还有，我们不要限制孩子的手脚，让孩子大胆地四处走走、看看，弄脏了衣服也没关系，孩子想玩，在保证安全的情况下就让他尽情地玩。

也可以陪孩子读一读充满冒险和想象力的书，跟孩子一起想象书里的冒险故事，也可以做一些角色扮演游戏，模拟某些场景，这里面的对话与动作都是非常锻炼想象力的。

伟大的科学家爱因斯坦曾经说过："想象力比知识更重要，因为知识是有限的，而想象力概括着世界的一切，推动着进步，并且是知识进化的源泉。严格地说，想象力是科学研究中的实在因素。"

8. 电视对孩子智力的影响

电视早已成为每个家庭必备的物品，很多人平时家里总要开着电视，即便不看，也要听听声音。可是，在有了孩子之后，电视却成了一个难题：要不要让年龄很小的孩子看电视？

我是不主张给孩子看电视的，女儿小的时候，我们家的电视不常开。如今，常有家长跟我聊天，说孩子哭闹了，只要把电视打开，看到里面色彩斑斓的画面就不哭了。如今手机、平板电脑成了哄娃神器。

如果你经常嫌弃孩子哭闹，把孩子交给电视，你是否知道电视对孩子的智力是有损害的。

科学家把孩子分成两组，一组是听老师讲白雪公主的故事，一组是看白雪公主的动画片，之后让两组孩子画出心目中的白雪公主。结果，听故事的孩子画出的白雪公主的形象各不相同，每个孩子都按照自己的想象，赋予了白雪公主不同的衣着和表情。而看动画片的孩子，画出的白雪公主都是一模一样的，都是动画片里的形象。

随后科学家又让这两组孩子再画白雪公主，听故事的孩子这次画的和上次的又不一样，因为他们又有了新的想象，而看动画片的孩子画的和上次的还是一样。

这个研究充分说明了电视对孩子的影响，那就是固化思维，本来孩子在小的时候想象力极为丰富，有了电视后，家长不用讲故事了，给孩子看电视吧，里面什么都有，但是这很可能抹杀掉孩子一部分的想象力。孩子看动画片，其实也是听故事的一种形式，如果我们想保护孩子的想象力，就讲故事给他们听，而不是让动画片来给孩子讲故事。

可能有一些家长认为：怎么会这样？电视多好啊，有声音有画面，有色彩丰富的动画片，有《动物世界》的科普，孩子多看看这些节目挺好的，对于孩子的成长都是有益处的。的确，电视的视觉刺激对孩子来说比书本要大很多，但是孩子看电视时是一种被动式的灌输，缺乏自己的思考和想象。

我们都知道现在电视广告实在太多了，以至于出现"在广告中插播电视剧"的调侃。美国的研究发现，小孩一年会看到 4 万个广告，其中有许多高卡路里与油腻垃圾食物的宣传，不断引诱着孩子尝试。有的电视节目粗俗不堪，根本不适合孩子观看，家长也不能一刻不停地盯着电视，除非家长先看过一遍，否则很难保证下一分钟里画面上出现的内容是适合孩子的。

几年前，英国就有专家向国会递交报告，建议政府制定法律来禁止家长让年龄低于 3 岁的儿童看电视。当然，要让孩子完全屏蔽电视是不可能的，只是电视应当作为一个消遣的工具，每天不能让孩子看电视的时间太长。

英国教育专家马丁·洛森说："如果你能让孩子在 12 岁之前不看电视，他们终生都将获益。"总的来说，幼儿期的孩子大量看电视，会有以下坏处：

（1）看电视替代了孩子的玩耍，让本该活泼好动的孩子，在电视前一动不动。

（2）看电视阻碍了孩子的语言发展，因为看电视都是单向的，孩子只需要坐在那里一言不发，而语言学习则是需要交流才能实现的。

（3）看电视阻碍了孩子想象力的发展，孩子在电视节目中受到了诸多被动式的灌输，不再对外面的世界有遐想的空间。

（4）看电视会使孩子注意力不集中，做事情总是三心二意，做作业要看电视，吃饭要看电视，否则就吃不下去。

（5）看电视让孩子的活动变少，对正是长身体的年纪的孩子来说，一动不动地坐着可能会影响发育。

（6）看电视让孩子的人际交往能力变差，有了电视不再走出家门、接触户外，缺少了结交更多朋友的机会。

（7）看电视会上瘾，动画片一集又一集，电视剧一部又一部，精彩的故事太多了，孩子总会沉迷于此，叫吃饭也不听，"看完这集再吃饭"是很多家长不愿意听到的话。

不让孩子沉迷于电视，是因为孩子需要在真实的世界里发展和成长，如果家长图轻松，把孩子放在电视前，孩子确实是不哭不闹了，可是孩子缺少了家长的陪伴，孩子也只能被动地接受着各种加工过的信息。由电视陪伴着成长，是一件很可悲的事情。

/ 第三章 /

给孩子一个好性格

1. 3~12 岁是孩子性格形成的重要时期

儿童教育专家孙云晓在微博上说，教育的核心是培养健康人格，3~12 岁是人形成良好性格的关键期,12 岁以后孩子的性格基本已经定型。在这一阶段养成的性格，将伴随孩子的一生。

如果你觉得孩子在性格上有某些不如人意的地方，这时候一定要给予纠正，去塑造孩子的良好性格。比如有的小孩胆小，不敢玩有难度的游戏，不敢一个人睡觉，在这种情况下，就可以主动让孩子做一些冒险类的事情，让孩子一个人去买东西、让孩子一个人睡觉等等，以改掉胆小的性格。

爸爸带着孩子荡秋千，他把孩子放在秋千上，秋千摇晃起来，孩子害怕得抓着爸爸不肯放手："爸爸，我害怕，我要掉下去了！"

爸爸说道：“不会的，你抓住两边的绳子就可以了。”孩子仍旧不放开爸爸，要求下去。爸爸只好把他抱下来，自己坐到了秋千上说：“你不玩的话，我可要玩了。”爸爸开始荡秋千，爸爸越荡越高，孩子开始羡慕了：“爸爸你真厉害！”

爸爸问道：“要不，你再来试试？”孩子点点头，爸爸再次将孩子放在秋千上，孩子仍旧不敢用力荡，爸爸就慢慢推动秋千，并安慰他：“第一次玩都是这样的，只要你抓紧绳子就不会掉下来，放心，我在旁边看着你。”

听了这话，孩子胆大起来，秋千越荡越高，欢笑声飘荡在半空中。

随着年龄的增长，孩子的心智开始发育，世界观的形成，独立意识也就越来越强，这期间经历的事情很容易影响到孩子性格的养成。如家庭不和谐，孩子会出现敏感自卑；父母工作忙疏于照料，孩子会比较独立，也会跟父母比较疏远，性格容易偏激；家长大权包揽，处理好孩子所有的一切，孩子就会变得习惯依赖……

家长的长期引导教育对孩子性格养成有着重要意义。孩子性格内向，就要引导他多跟陌生人接触，孩子性格自私，就要引导他多跟小朋友分享。

下面分享几点性格教育的注意事项：

（1）忽视孩子的无理要求

现在的孩子多被溺爱，长大后性格狂妄自大、目中无人，多半是溺爱造成的，家长无条件接受孩子的无理要求就会滋长这种心态。所以当孩子提出无理要求时，家长不要满足，甚至一次都不能妥协，要跟孩子讲清楚道理，告诉孩子为什么不能这样做。

（2）不把自己的意愿强加给孩子

孩子虽然年龄小，但也有自己的喜怒哀乐和性格爱好，作为家长，我们无权要求孩子事事都按照我们的意愿来做。"为孩子好"往往会忽略孩子内心的感受。常见到某些家长总是强加给孩子很多要求，孩子也不说话，让做什么就做什么，时间长了这孩子的性格就变得没主见。

比如孩子该放下游戏机去写作业了，家长最好不要用强迫的方式，拔掉电源之类的，跟孩子聊聊去写作业的重要性，尊重他们的意愿，能让他养成独立、有主见的性格。

（3）始终如一

家长对孩子的要求与价值观输出要始终如一，处理同样的事件要给出同样的标准，如果你今天允许孩子这么做，明天没有任何理由却告诉他这样做不行，就会给孩子造成思维混乱。你或许会忘记自己的不一致，可孩子绝对不会忘记。

当有一天你发现孩子变得任性不听话，其实有很大一部分原因是家长自己造成的。

（4）适当给孩子一点权力

有时，孩子会对某件事很感兴趣，你不让他做，他却执拗地一定要做。这时我们不妨给孩子一点选择的权力。孩子想要探索小区的公园，有的家长担心弄脏衣服，担心有坑有灌木丛伤到孩子，可是这种过分保护，会让孩子很失望，可能会伤害孩子。

（5）让孩子了解别人的感受

一个不自私、乐于分享的孩子，一定能了解别人的感受。家长们可以尝试让孩子知道我们的辛苦，培养孩子理解别人感受的习惯，可以对孩子说："今天妈妈上班很累，都是为了给你挣学费，帮妈妈捏捏肩。"在这一过程中孩子就会反思自己有没有做错事，惹妈妈生气，会开始体谅妈妈的辛苦，并用做一个听话的孩子来回报。

（6）言出必行

曾子杀猪的典故流传很广，说的是家长做到言出必行，不用语言欺骗孩子。比如有家长为了让哭闹的孩子穿上新衣服，骗孩子说给他买冰淇淋，孩子把衣服穿上，家长却自以为孩子毕竟是孩子好糊弄，没有兑现买冰淇淋的承诺。结果下一次再穿衣服时，还用买冰淇淋的招数，孩子却丝毫不相信了。

（7）对孩子保持耐心

孩子其实就是父母的影子，你以怎样的态度对他，这种态度也会潜移默化成他性格中的一部分。家长对孩子没耐心，给孩子喂饭怎么都喂不进去，就开始动作粗暴，这对孩子来说是一种很大的伤害。即便是自己在忙时，孩子来要你陪他，也要耐心地解释忙完才能陪，而不是呵斥着告诉孩子一边去玩。

（8）让孩子承担一点责任

家长应该从小培养孩子的责任感。孩子把玩具弄得满地都是，家长就应该叫孩子陪自己一起来捡玩具，并在这一过程中教育孩子玩具乱扔的坏处。孩子奔跑跌倒，让他自己站起来，让孩子明白是自己盲目地奔跑才导致的跌倒，而不是把这份责任怪罪给绊倒他的物品。

每一个孩子都是一个可塑之才，如同一颗成长中的小树，家长对孩子性格的引导至关重要，一个性格良好的孩子完全可以在 12 岁之前培养出来。

2. 培养乐观孩子的关键时期

乐观是指面临困难精神愉快、充满信心的状态。比如，孩子可以依赖想象力和对未来的展望，忍受眼前的不适应；能在与负面情绪的较量中，摆脱它的控制，理智胜出；抽象思维得到发展，能够预见事物的未来发展趋势……

这些心理素质在孩子 4 岁左右逐渐健全，所以，4 岁是培养孩子乐观品质的最佳时期。

我还记得女儿上幼儿园中班的时候，有一次，我们老早就约好了周末去附近公园的游乐场玩耍。可是那天还没有出门，就下起了暴雨。

看着女儿那要哭不哭的表情，我连忙说："没出门就下雨，真是太好了。"

"好什么呀！"女儿撅着小嘴嘟囔着。

"你想啊！要是我们到了游乐场再下雨，那咱们不说会不会变成落汤鸡，那就算到了那，咱们也玩不成啊！还得回来，浪费了咱们多长时间啊！"

女儿的脸色稍微好了一些，但是还是气呼呼的。

"宝贝，其实下雨了也不是什么都做不成的。"

"那我们做什么呀？"女儿的好奇心明显被勾起来了。

"我们可以开茶会啊！"

"就咱们两个人，多没意思啊！"

"你的芭比娃娃还有泰迪熊都可以当你的客人啊！"

女儿一听立刻来了兴趣，我们欢欢喜喜地办起了茶会。直到雨停了，女儿还很兴奋，不肯结束。

在日常生活中，我们总是对生活充满了抱怨和悲观，我们的孩子也会受我们的传染，小孩子并不是我们家长用嘴惯出来的，而是要言传身教的，我们总是对孩子说"你要乐观一些""我们可以换个角度看问题""我们要经常微笑"等话，这听起来确实像那么回事。我们甚至也觉得自己身为家长，做得很负责，但小孩子却往往不会向我们说的那样做，最根本的原因就是，我们自己就不乐观。

情绪是会传染的，俗话说"龙生龙，凤生凤，老鼠的儿子会打洞。"这句话虽然有失偏颇，但用在性格上却是很准的，一个不自信的家长教出来的孩子大多也都是畏手畏脚的，消极悲观的家长，他们的孩子大多也是偏激阴沉的，并不是基因问题，更多的是因为被家长的情绪所传染，孩子从小就被消极情绪所环绕，久而久之，孩子也就不会有乐观向上的性格了。

事实上，一个孩子的性格好坏，家长占了很大一部分的责任，孩子小的时候都是喜欢跟大人学习。比如，父亲吃饭总是不将饭吃光，孩子看了也就喜欢把饭吃到一半就剩下了。

想要培养孩子乐观向上的性格，要从我们家长自身做起。

（1）和睦的家庭氛围

一个充满打骂的家庭是不会培养出一个快乐孩子的，家长体贴入微的照顾、温柔的皮肤接触与抚摸、慈爱的情感，能够引起孩子的安全依恋感和幸福感。

作为家长，我们要合理地表达自己的情绪，不要在孩子面前表现出过分的悲伤、愤怒、忧郁。就算再怎么生气，也要告诉孩子生气的原因，避免让孩子以为我们生气的原因是由他引起的。不可以让情绪控制我们，更不可以当家长开心时就溺爱孩子，生气时就责骂孩子。

（2）重视游戏，多交朋友

游戏是培养乐观孩子的好时机。家长应该让孩子多和热情大方的小伙伴接触，小伙伴们一起在玩耍中互相熟识，相互交朋友。

孩子在玩耍中可能会弄脏衣物，这时家长可温和提示，千万不要因此而在孩子玩兴正浓的时候严厉地训斥、责骂孩子，也不要强行责令孩子停止游戏，甚至禁止小伙伴间的往来，否则会使孩子产生不满、压抑的情绪。

对于一些比较内向、害羞的孩子来说，家长可以先带孩子去一些经常去的地方，接触一些比较和善而友爱的陌生小朋友，以后再逐渐接触更加陌生的环境，逐渐增加接触的时间和次数。经过一个阶段的训练后，家长可让孩子单独接触新的环境，让孩子学会与不同的人融洽相处，培养孩子的独立生活能力，并且家长还要不断地鼓励孩子坚持下去。久而久之，孩子也就会逐渐形成开朗、乐观的素质。

（3）及时发现孩子的优点

有研究表明，自信的孩子比自卑的孩子更乐观，有更强适应社会的能力。家长不要过分强调孩子的缺点，更不能随意在孩子的朋友、长辈、陌生人面前议论孩子的缺点，以免损伤孩子的自尊心。

对于孩子的缺点或错误，家长要采用少打骂，多鼓励，坚持教育疏导的方法，切不可用威胁、恐吓、打骂等粗暴的方法。比如说，孩子将碗打碎，这个时候不要轻易呵斥，因为这个时候，孩子内心里是很害怕的，知道自己做错了。所以，我们可以帮孩子分析碗碎的原因，是粗心大意还是别的原因，再让孩子拿一次，他们一定会拿好这个碗的。

（4）引导孩子学会摆脱困境

即使性格乐观的人都不可能事事都称心如意，也不可能"永远快乐"。

家长最好在孩子很小的时候就有意识地培养孩子如何应对困境、逆境的能力。家长可以让孩子自己独立地做一些事情，制造一些难题，让孩子自己解决，要是孩子一时还无法摆脱困境，此时可以教育孩子学会忍耐，或者是在逆境中如何寻求另外的精神寄托，如参加运动、游戏、聊天等等。

3. 面对输赢，如何给孩子一颗平常心

有一个3年级的学生自尊心很强，一次期中考试没有考到班里的第1名，听说回到家后气得饭都没吃，还直掉眼泪。

这个学生不仅考试这样，做其他事，只要是有输赢的比赛，也都要争第一。家长开始还觉得自己的孩子有上进心，现在却觉得这孩子做得有点过头了，给班主任打电话说孩子得失心太重了，但又不知道该怎么教他。

现在人们大多混淆了争强好胜和进取心的概念。争强好胜是指一个人通常喜欢事事都超过或压倒别人，这种情绪会恶性蔓延，滋生烦躁、嫉妒或自暴自弃等不良心理，既不利于正确地认识自我，也不利于良好的人际交往。而上进心是一种不断要求上进，立志有所作为的心理状态。争强好胜是把自己与别人比，上进心则是把自己的现在与自己的过去比，两者有本质的区别。

孩子争强好胜主要与成人不正确的引导有关。在我们生活中，孩子得了第一名，家长总会表扬奖励，输了就冷若冰霜，甚至指责孩子，成人总是有意无意地要求孩子争第一，"看谁第一个吃完""看谁第一个坐

好""看谁第一个画完"……这样的暗示慢慢地会让孩子认为只有"第一"才是成功。

事实上，孩子争强好胜，不能说对错或好坏，只能说有积极和消极的方面，需要成人的正确引导，让孩子正确面对输赢。

（1）接纳孩子的情绪，体会孩子的感受

孩子输了已经够难受了，虽然表达的方式不恰当，但爸妈应试着用同理心去安抚孩子，让孩子感受爸妈知道孩子不是无理取闹，其实自己也很懊恼，只是控制不了情绪。如果孩子有足够的表达能力，建议爸妈可以引导孩子说出自己的感觉，然后予以适当的疏导。比如，小孩子玩游戏输了，回家心里很难受，做家长的应该以孩子的角度看待这场游戏，进行劝导，这样会让孩子的心里好受一些。

（2）让孩子明白"享受过程"比"赢得胜利"更重要

孩子会在意输赢，有部分原因是在乎家长的态度。或许家长自认并没有要求孩子赢但如果对孩子输和赢时的态度没有适当地表达，会让孩子产生错误的联想和归因。

例如，孩子赢时大力称赞奖励，输时却未给予正面的鼓励，甚至表达出可惜的样子，就可能给孩子一种无形的压力。家长应该引导孩子多关注过程，孩子在过程中是否积极努力、是否有进步、是否享受其中的乐趣，而对此加以赞扬。

（3）让孩子了解自己的进步，并面对下一次的挑战

第一名只有1个，有第一名自然也就有第二名、第三名；比赛的赢家也只有1个，那也就有输有赢，有时你赢，有时我赢，这样的比赛才有意思。我们可以告诉孩子，他没胜利或没有拿第一，并不意味着自己很差劲，而是自己还有挑战的空间。我们要教导孩子和自己以前比较，

而不是和他人比较。让孩子切身地了解自己的进步增加孩子的兴趣。

（4）教导孩子解决问题的方法

有些孩子"输不起"，与别人踢足球，输了，不玩了；玩游戏，输了，不玩了；上学偏科，一到那节课就各种心塞。

而我们家长在孩子遭遇挫败时，要引导孩子对失败作正向的归因与思考，让孩子能够对失败的结果加以释怀，并且让其保持自信心。

孩子踢足球输了气呼呼地回来，并表示再也玩了的时候，家长可以适当地夸奖孩子刚刚踢球的时候，奔跑的速度好快，如果再跑快一些一定能进球的之类的话。孩子听到我们的赞扬也会变得更加自信，自然也就愿意再尝试一次。

（5）引导孩子重新肯定自己

父母应该在生活中多和孩子接触，客观评估他的能力，发现孩子的优点，然后针对他所擅长的事物，尽量给他机会发挥。让孩子经由实际的工作学会欣赏自己。此外，请不要吝于说出你欣赏他的行为、以他为荣的心意。对孩子而言，你发自内心的夸奖，足以激他。但是，赞美的话要说得清楚、具体，让孩子确实知道他的哪种行为受到称赞。例如："你今天主动帮妈妈摆好碗筷，表现得很棒哦！"

4. 培养孩子的幽默感，比你想象的还重要

一次女儿从学校里回来，闷闷不乐的。

"宝贝，今天怎么了，小嘴儿撅得能挂壶油了？"

"今天班里来了个转校生。"

这挺好的呀！我心里有些奇怪，女儿最喜欢和别人交朋友了，有了新同学应该高兴才是，怎么不开心呢？"那你为什么不开心啊？"

"刚开始我也挺开心的，只是他讲的笑话特别好笑，班里人都喜欢围着他转。"

这下我听明白了，原来是平时我家很受欢迎的闺女有心理落差了呀！

"那宝贝儿你怎么不讲笑话呢？"

"我讲的笑话不好笑。"女儿的小嘴撅得更高了。

……

女儿的事情让我觉得好笑之余也让我深思，一个孩子是否有幽默确实很重要，幽默感不仅在成人之间有着举足轻重的地位，在孩子之间的交往过程中也是必不可少的，有幽默感的孩子总是更受欢迎。

首先，和幽默的孩子相处会变得更加地轻松，因为他们都很有趣。

其次，有幽默感的孩子都很聪明，他们的情商也非常高，因为要让大家发笑，他们掌握了更多的知识，思维和语言表达能力也不错。在孩子们发生矛盾时，有幽默感的孩子可以运用幽默化解矛盾，能得到意想不到的效果。幽默能让双方紧张的氛围顿时轻松下来，从而更加理智地解决当前的问题。

再次，有幽默感的孩子大多都是开朗乐观且不会过分敏感的人，现在学习压力那么大，这类孩子会给自己找到合适的宣泄途径来给自己解压，并且幽默的孩子一般朋友都比较多，交际能力也很不错。

孩子的幽默感并不是天生的，很多都是靠后天培养的，幽默感是情商的重要组成部分。根据专家研究，人的幽默感大约有三成是天生的，其余七成则须靠后天培养。家长在生活中要发现幽默，创造幽默，利用幽默。

（1）多给孩子读或者看幽默轻松的故事、视频

幽默有趣的小故事不仅能使孩子在轻松愉快的氛围中喜欢上阅读，还能潜移默化地培养孩子的幽默感。在无形中让孩子形成风趣的语言风格。《憨豆先生》系列短剧中憨豆那滑稽的动作、夸张的表情和幽默的语言就常逗得女儿捧腹大笑。

（2）多让孩子讲有趣的事

孩子对发生在自己身边的有趣的事，总是有很强的表达欲望。这时家长需要做的，就是认真倾听，并发出会心的欢笑。如果孩子有足够的幽默感，家长还可引导他们编幽默故事，给课本、电影或电视剧改编甚至添加一个令人捧腹的结局。

（3）用亲子游戏来让生活充满笑声

一个幽默的孩子肯定是爱笑的孩子，爱笑的孩子往往善于发现幽默和制造幽默。在日常生活中，家长可多跟孩子玩一些有趣的亲子游戏，如捉迷藏、挂苹果、两人三足，让孩子在游戏中发出开心的笑声。

（4）用幽默的环境来培养

当孩子摔倒哭闹或做错事时，家长可以做个鬼脸表示没有多大关系，也可以用诙谐的语言来转移孩子的注意力，还可以使孩子学会幽默的语言技巧，培养良好的心态。而当孩子尝试着说出一些有趣的笑话或表演一些滑稽的动作时，家长不要吝啬自己的掌声，你的鼓励将使他的幽默感不断得到强化。

（5）要对孩子的笑话多多鼓励

家长应该对孩子表现出的任何一点幽默或有趣行为大加渲染，这样孩子就会乐此不疲。比如说有的时候，孩子的笑话并不好笑，但我们也

要陪着一起笑，不要打击孩子的信心。

同时，我们也要记住教导孩子有幽默感的几点注意事项：

（1）幽默的语言要以不伤害他人为原则。

（2）幽默的语言要注意人际间的礼貌。

（3）幽默的动作以不涉及危险动作为原则。

总之，幽默感可以通过生活的点点滴滴获得。在这一特殊的学习过程中，父母的作用不容忽视。我们应该珍惜生活中的点滴时刻，为孩子营造有趣健康的生活环境，有效培养孩子的幽默感。充满幽默感的语言和事物能让孩子的眼睛更好地观察世界。

5. 给孩子一颗感恩的心

前几天看到一篇关于教孩子感恩的文章，里面有一幅《中美孩子家务清单对比》的图片，描写了是不同年龄阶段中美孩子在家中做事的差异。

2~3岁，中国孩子背唐诗；美国孩子扔垃圾、整理玩具。

3~4岁，中国孩子上各种艺术培训班；美国孩子喂宠物、浇花、刷牙。

4~5岁，中国孩子上各种艺术培训班；美国孩子铺床、摆餐具。

……

7~12岁，中国孩子上各种艺术培训班，学习、做作业；美国孩子使用洗衣机、清理洗手间、做简单的饭。

看了这幅对比图，我真的是不知道该说什么，我们的孩子一路走来，就是在上各种培训班，多数情况还是被逼迫的，怎么会有一颗感恩的心？毫无疑问，他们在该独立的年龄"颓废"了。

现在生活条件越来越好，家长对孩子的要求经常是有求必应，以至于孩子以为钱非常好挣，不懂得父母工作的不容易，没有吃过苦，所以不了解吃苦到底是什么含义，这也就导致了总是受父母护佑溺爱的孩子，只想着满足自己的欲望，心中无他人，自私自利的性格。

怎样培养孩子感恩的心呢？

（1）养成感恩的习惯

家长要将感恩习惯的养成教育贯穿于日常生活之中，让孩子从小就浸润在感恩的环境里。父母要从自身做起，做好示范，利用一切可以利用的契机对孩子进行教育，如妈妈帮爸爸做事时，爸爸要大声地对妈妈说："谢谢！"妈妈接受爸爸的帮助，也要说一声："谢谢！"爸爸送给孩子礼物时，要告诉他这件礼物是爸爸给你的，你要感谢爸爸；这本书是哥哥姐姐送你的，你要谢谢哥哥姐姐。在这种氛围中，孩子耳濡目染，渐渐接受这种最基本的礼仪，也学会向周围的人道谢，将感恩内化于人格之中。

（2）充分利用节日

充分利用各种节日作为感恩教育的载体。如：春节时要教孩子热情接受爷爷、奶奶及其他亲属送给他的压岁钱，并表示感谢，不管压岁钱是多少，回到家里都要求孩子妥善保管，学会珍惜别人的情意；教师节，让孩子亲手制作贺卡送给老师，表达对老师的美好祝愿；父亲节和母亲节，教孩子给爸爸妈妈说几句感谢的话语，不一定感谢爸爸妈妈给他帮了多大的忙，而只需表达生活中感觉很幸福的一点一滴。

（3）父母们要学会示弱

可让孩子为父母做些事。比如假装拿不动衣服，让孩子帮忙拿一两件；假装累了，请孩子倒杯水给爸妈喝……让孩子学会给予，懂得父母和别人的给予与帮助是一种"恩惠"，而不是理所当然或者欠他的。

（4）父母们要学会计较

孩子没有亲吻父母，没有分一口好吃的给父母，没有记住父母的一个小要求，这都是父母必须"计较"的小事。别让孩子觉得父母对他一无所求，不需要为父母做什么。否则，孩子会觉得你对他一无所求，他根本不需要为你做什么。要让孩子懂得索取是要付出的，不能无条件地进行索取。

（5）多带孩子去福利机构

让孩子在对比中学会感恩。带孩子到孤儿院或伤残医院参观，还可以鼓励、组织孩子与贫困地区的孩子结对交友等，让孩子在对比中体会过去不懂、不在意因而也不会珍惜的东西，改变孩子的冷漠，从而引发他的慈悲心、惜福心和感恩心。

（6）赏识孩子

孩子非常自我的另一重要原因还在于：当他偶然做了件好事时，由于操作不够熟练而做得不尽人意，或者事情太细小而只得到了句父母言不由衷的"谢谢"。如果父母在孩子做了好事后，不管他是主动还是被动做的，不管他做得是否令人满意，都能发自肺腑地感谢他、赞扬他，那么孩子定会大受鼓舞。不管孩子为你做了什么，都要让孩子觉得"幸亏有我出手帮助，事情才会这么顺利"。父母由衷地肯定是孩子关心他人和感恩的动力。

6. 不替孩子道歉，让孩子学会承担

经常在小区游乐场看到这样的情景，刚开始两个孩子还兴高采烈的，转眼就为了一件玩具争吵起来。

一个孩子忽然就拿着一个模型朝着另一个孩子头上砸去，这个孩子哇哇哇就大哭起来。

一旁被打孩子的家长就百米冲刺地冲上去，拉开两个孩子，同时抱着孩子不断地安慰。

打人的那个家长则很尴尬，忙过来说："对不起啊，是哥哥做得不对，你看阿姨教训他。"一边道歉，一边伸手打了孩子一巴掌。

打人的孩子也"哇"一声哭起来……

其实在家长道歉的时候，孩子知道自己做错了吗？很显然，他们并不知道自己的行为伤害到了对方，所以，家长们的道歉毫无意义。做错事的不是家长，怎能一直替孩子承担错误呢？这样的结果只会是孩子无止境地犯错，家长无止境地替他道歉，他并没有因此而改变，对方也并没有因此而免于受伤。我们要做的是让孩子明白过错，自己承担后果。

后来，我向一位给我打电话的家长问了一些关于孩子的问题，当问到父母是不是经常替孩子道歉的这个问题时，得到的答案也是肯定的，那位家长给我的原因也令我印象深刻："我们出于礼貌、自己的面子或怕事态升级，肯定想要先稳住对方家长情绪，怕对方家长不开心"。

我们之所以称他们为孩子，是因为他们还年小，做事情的主要出发点是自己觉得好玩，开心，可以满足自己的内心需要。所以他们对错误的认知非常片面，往往觉得对错是家长根据自己的经验做出的评价。

　　这时候，家长一味讲道理，孩子是听不进去的。家长要告诉孩子错在哪里，并教孩子主动认错，而不能因为觉得是小事一桩就不了了之，或者直接代替孩子去向别人道歉。每个孩子都会在成长的过程中犯错，但每次犯错都是一次教育和成长的机会，把握好这些机会，可以塑造孩子的行为习惯。

　　这里有以下几点建议供参考：

　　（1）要帮孩子看到自己的言行问题出在哪里，明白为什么会因为这件事情和他交流。比如：孩子不小心打碎了家里的茶具，他内心忐忑不安，就告诉他"我知道你现在已经知道错了"，然后抱抱他，如果哭了，就允许其释放出来，接着说："妈妈不会为这件事情生气的，但希望你去把地面收拾干净，也希望你下次拿茶具时慢一些。"

　　（2）如果孩子知道错在哪里，并已经有了跟事件有关的情绪，如歉疚感或其他情绪，先共情，帮孩子释放情绪。比如，当孩子第一次犯错时，他可能意识到自己错了，会如实向家长报告，这个时候，有些家长认为，应该给孩子一点教训，让孩子长长记性，以免以后再犯同类错误，于是训斥、打骂。这样反而会让孩子形成"如果我不承认错误，妈妈或许不会惩罚我，或许会继续喜欢我"的想法，于是孩子开始尝试说谎或用寻找替罪羊的方式来避免受到惩罚。所以当孩子犯错时，家长应该鼓励孩子，并告诉他："爸爸妈妈很开心你能说实话，说明你是一个诚实的好孩子，但是我们至此要记住教训，下次争取不再犯，好吗？"

　　（3）作为家长的我们还应该教会让孩子懂得为自己的行为负责。看到问题并释放情绪后，一个很重要的环节就是要孩子为自己的错误承担责任，这是减少下次出现类似问题的关键。比如，偷拿了爸爸钱包里的钱去买东西，就需要从零花钱里扣除，或者用劳动来偿还。把书撕烂了，碎纸满地，就要自己去打扫干净，并且这本书再也不给买，类似的书也不再买。把画画的颜料涂得满衣服都是，就需要自己去洗衣服，收拾好颜料。

我们在教育孩子时最忌讳的，同时也是最值得我们家长注意的是：有的家长会在孩子犯了错的时候大吼大叫，并且说如果他再不听话就要抛弃他，再也不爱他了。这么做会让孩子把当下的错误和被抛弃关联起来，进而失去安全感和自信心，埋下心理隐患。家长要让孩子知道，无论他犯了什么错误，"爸爸妈妈都爱你，但你要为自己的行为承担责任，需要的时候，爸爸妈妈和你一起承担责任。"父母是孩子的模仿对象，因此平时家长有错也要和孩子认错，这样可以无形中教会孩子如何道歉。

7. 教孩子关心他人，有人情味的孩子更受欢迎

现在有的孩子，特别是那些娇生惯养的独生子女，由于受到了家里的太多关注，在想事情、做事情的时候，总是"以我为中心"，习惯于别人对自己的照顾，而不懂得和不会关心别人。

一个朋友曾经跟我说过他的一个外甥，已经 6 岁多了，可是为人一点也不懂得关心他人。吃饭的时候，孩子总是把自己最喜欢的菜摆在眼前，在外做客也是，自己爱吃的就猛吃，完全不顾他人的感受。要买什么东西，也不太考虑家庭的经济状况，总是硬要，不然就生气。家里大人忙，他从来也不知道主动问一句"你们要不要帮忙"，甚至还不断给大人找事；偶尔大人感冒了，他也不懂得关心问候一下，就像什么事都没发生一样。他们家就他一个孩子，爷爷奶奶，外公外婆都宠着他，父

母也都由着他，朋友对这件事挺忧心的，曾不止一次跟他姐说过，但是他姐总是以孩子还小给搪塞过去了。

其实很多家长总是以为孩子还小，所以对他们的一些坏习惯视若无睹，却不知道在孩子处于黄金期的时候是最容易培养好性格也是最容易教出一个有着坏习惯的时期了。

而现在孩子为什么不懂得关系他人，是众多家长共同的疑问，家长总是把问题的原因推到社会、学校上，殊不知，孩子之所以养成这种性格，家长自身的原因反而占了重要部分。

现在的孩子大多数都是独生子女，家里一堆人围着这个孩子转，以孩子为中心，孩子天天感受着"人人爱我"的滋味，缺少"我爱他人"的体验。久而久之，孩子变得狭隘、自私、冷淡，不会关心自己以外的人和事。

一个冷漠、自私、没有爱心的孩子，在成人以后，常常会游离在社会之外，成为一个孤独、没有人爱护、不受欢迎的人。这样的人很难在社会中立足，更不要说有好的前途了。只有让孩子在接受教育的黄金期拥有一颗爱他人的心，长大以后才会成为一个有责任感、受人尊重的人，在这个越来越注重情商的社会中才更具有优势。

家长们不要把眼光总是放在孩子的学习上，要教孩子学会关心他人，培养孩子关爱、同情、友善等良好品质。

（1）家长可以让孩子了解家长的感受。不要为了保持自身的威严，什么苦、累都不告诉孩子，这样会让孩子觉得父母不会累，从而，自然就不会关心父母、他人了。比如，家长带着孩子出去玩而孩子还要继续玩不肯回家时，父母可以告诉孩子自己的感受，如：爸爸妈妈陪你玩了一天，身体很疲劳，需要休息，或玩得太晚家里的爷爷奶奶会牵挂、着急等，让孩子了解父母的感受，学会关心父母；或者当孩子做了对不住别人的事情，家长应该让孩子想一想如果被伤害的人是孩子自己，那么孩子是什么样的感受，这样就会使孩子为自己的行为感到不安、羞愧。这样就可以帮助孩子从以"自我为中心"走向为他人考虑的路了。

（2）家长要注意观察孩子的一言一行，及时发现孩子在无意识情况下帮助他人、关心他人的举动，及时予以表扬与肯定，激发孩子继续关心他人的愿望，使其无意识的行动，变为有意识的行为。例如，孩子看见小弟弟摔倒了，在家长的暗示下，把小弟弟扶起来。家长夸奖他说："我们家宝宝关心小弟弟，真是一个好孩子。你看，小弟弟在谢谢大哥哥呢！"孩子受到表扬，心理上得到满足，从情感上体验到关心他人的乐趣。

（3）可以让孩子适当地参与一些慈善的小事，比如，在公交车上给老人让座；把用过的玩具和书籍捐给贫困地区的儿童；收养或帮助一只被遗弃的小猫或小狗，值得提醒的是，事先要为小动物注射疫苗。通过这些小事培养孩子的爱心和学习关心他人。

（4）家长要言传身教。生活中透露出待人冷漠的父母，很难教出心地善良，对人体贴的孩子。以为自己地位很高经常炫耀的父母，一般孩子不会尊重别人。大多数孩子的爱心、同情心都是从家长身上学习来的。在孩子们面前，父母要互相关心，对长辈要体贴照料，对待亲友要嘘寒问暖，谁生病了，主动侍候；谁有困难，主动帮助。父母对别人主动、热情地关心，孩子耳濡目染，自然会受到潜移默化的影响。

8. 不要急：孩子，你慢慢来

"别让你的孩子输在起跑线上。"

这句极具煽动力的广告词，让多少家长急切地把孩子推向了各种培训班，各种补课花样"提升"各种能力。

没有休息日，没有节假日，孩子的寒暑假提前一年就被计划好的各种补习填满了。每个家长都恨不得揪着自己的孩子成长，甚至是跳级，最好高一就去参加高考……

面对孩子不堪重负的被压弯的小小肩膀，家长只能在心里偷偷的疼一疼，行动上不敢有任何松懈，他们的看法是："现在苦一点，将来才能少吃一些苦。"

新闻报道一被誉为神童的男生 18 岁考入北京大学物理系，本科毕业后以交换学生身份公费赴美攻读博士学位，就读于爱荷华大学物理与天文学系，28 岁通过答辩获得博士学位……

这样一个男生，一看就是天之骄子，未来前途不可限量。

他就是卢刚，给人带来的却是那场震惊中美的杀人事件。

现在家长们都喜欢让孩子抢跑，抢跑是什么意思呢？幼儿园学小学的东西，小学学中学的内容，到了大学里，反而要补幼儿园该学的东西，比如行为习惯，人格培养。这就是典型的丢了西瓜拣芝麻。

法国自然主义哲学家卢梭曾说："大自然希望儿童在成人以前就要像儿童的样子。如果我们打乱了这个秩序，就会造成一些早熟的果实，既不丰满也不甜美，而且很快就会腐烂；我们将造就一些年纪轻轻的博士和老态龙钟的儿童。"

著名培训师黑幼龙先生有一本书就叫作《慢养》，慢养这个教育理念沿用在了他的生活中，他的二儿子立国从小顽劣异常，做过无数令父母头疼的事情，包括差点点着邻居的汽车，到超市里顺东西被抓住，成绩平庸落后，基本可以算是个"问题少年"。面对这样难以管教的孩子，黑幼龙并没有施以高压棍棒，或是干脆听之任之，他相信，孩子都会因为好奇而做错事，为人父母最重要的是让孩子知道，爸爸妈妈会支持他，即使他犯错，只要改过，爸妈对他的爱永不改变或减少。

事实证明，这样的无功利性的慢养教育是成功的，长大后的立国，成为华盛顿大学医学院副院长，那一年，他只有 29 岁。

其实，慢养就是在孩子小的时候任由孩子吃喝拉撒睡玩，上学之前，别给孩子报太多的兴趣班，如果孩子有兴趣，想画画可以带着孩子以玩的性质去学画画，以强身健体的目的去学游泳，任何的兴趣班都不要有太强的功利性的目的。

只是因为孩子的兴趣在那里，所以一切还是遵从孩子的意愿，但是要教会孩子一旦自己决定要学画画，喜欢画画，无论再苦再累，也要坚持下去，不能三天打鱼两天晒网。

别刻意地去教孩子认字数数，不要一本正经地教孩子背唐诗，但是，这不代表就不让孩子学习，给孩子读绘本孩子就会跟着认识很多的字，在平时的游戏中大人数数孩子很快就会学会，刻意的教只会磨灭孩子的兴趣，在游戏中引导孩子能让孩子记住更多。

人生是一场马拉松比赛，并不是短跑、中跑、长跑。在马拉松比赛的时候，我们见过哪一位冠军是刚开始跑得最快的人？刚开始跑得快没用，反而会因为跑得太快，过多浪费了自己的体力，最终停在了中途。

研究证明，在学前班认识较多汉字的孩子，一年级的语文会领先其他孩子，但是到了二年级，水平就与其他孩子持平了。我们为什么要给孩子过早的安上枷锁呢？

所谓慢养，就是不带功利性的教养，让孩子自然长大，慢养并不是时间上的慢，教育孩子不要太担忧、太着急。不求一时的速度与效率，不以当下的表现评断孩子，尊重每个孩子的差异。慢养，可以让孩子发现最好的自己。

女儿刚上小学那会儿，由于是重点小学，学生都很优秀，竞争压力很大，期中考试成绩下来后，女儿成绩中等。我没怎么着急，没想到要强的女儿急了，回到家有点要哭了，饭也吃不下，一直在书房看书，叫她出来歇一会儿也不行。

我只好跟她谈心，告诉她学习不是一时的，有这份心我已经很满足了，可是未来还要读6年小学、3年初中、3年高中、4年大学，"这是一场马拉松，"我说，"开始落后没什么，不要因此影响心情，不要着急，你努力学习一定会取得好成绩。"

有些家长们总是急于求成，希望自己的孩子学什么都是一点就通，做什么都是一下做好——这是不可能的。我见过一个脾气暴躁的父亲，教孩子下象棋，"马走日，象走田"怎么都下不好，孩子根本就没理解象棋的技巧和方法，那位父亲对孩子特别生气，甚至让孩子罚站。这样又是何必？

教育是慢的艺术，开始让孩子自立的时候，让他自己起床、叠被、洗衣服等等，最开始的时候孩子自然不会做，我们要反复地教，如果第二天他忘了，那也不要跟孩子发脾气，继续教，让他继续练即可，要允许孩子慢慢来，可能洗衣服这样的事情孩子会学好几周甚至好几个月，只要孩子学会了并享受了乐趣，那就是值得的。

　　著名女作家龙应台写过一本红极一时的书叫作《孩子你慢慢来》，在这本书的卷首语中，龙应台描写了自己看着小孩打蝴蝶结，那一个场景非常美好："绳子穿来穿去，刚好可以拉的一刻，又松了开来，于是重新再来；小小的手慎重地捏着细细的草绳。淡水的街头，阳光斜照着窄巷里这间零乱的花铺。"

　　龙应台用优美的文字继续表达了这种美好："坐在斜阳浅照的石阶上，愿意等上一辈子的时间，让这个孩子从从容容地把那个蝴蝶结扎好，用他五岁的手指。孩子你慢慢来，慢慢来。"

　　对，孩子你慢慢来。这是现在很流行的"慢教育"，即不过分要求孩子，让孩子自己处理事情，比如练习系鞋带，可能有的孩子一直学不会，也不要对他生气，告诉他每次穿鞋前练习即可。

9. 家庭环境对孩子性格的影响

　　有人说家庭是制造人类性格的工厂。对于孩子来说，成长过程中接触最多的就是父母，父母的一言一行孩子全都看在眼里，父母对待孩子的方式、父母对待其他人的方式都深深地影响着孩子。巴甫洛夫曾指出："如果说到性格的话，那就是指那些先天的倾向、意向与那些生活期间受生活的影响所养成的东西二者之间的混合物了。"

　　家庭氛围对孩子性格的影响极大，家庭和睦、幸福美满，夫妻间互相尊重，老人也都和蔼可亲，这样的家庭往往对孩子的性格有积极的影响。相反，父母经常吵架、猜疑，每天对此耳濡目染的孩子，就好像不断地被浸入一个大染缸，为其性格增添敏感多疑、易怒烦躁等负面因素。我们在新闻中也会看到，很多问题少年都来自于有暴力的家庭。

如果家庭气氛和谐、融洽，孩子自然就会感到愉快，产生安全感，孩子的情绪稳定、性格开朗。反之，若家庭气氛紧张，父母吵闹不断，孩子就会整天提心吊胆，缺乏安全感，容易产生一些情绪和行为问题，如暴躁、攻击性或胆怯等。

为什么那些出生于大家闺秀、名门之后的孩子做事有条理，与人对话逻辑清晰，学识也高，这不仅仅是从小接受的知识教育水平高，还与在书香门第中熏陶有关。目前独生子女普遍的社会，孩子在家中的地位比较高，常常受到溺爱，如果不进行有效地教育和培养，孩子很容易养成任性自私的不良性格。

在父母教育方面，不同的教育方式，会带来不一样的效果。

（1）父母教养比较民主，则孩子独立、大胆、机灵、善于与别人交往协作，有分析思考能力；

（2）父母过于严厉，经常打骂，孩子则顽固、冷酷无情、倔犟或缺乏自信心及自尊心；

（3）父母过于溺爱孩子，孩子任性、缺乏独立性，情绪不稳定、骄傲；

（4）父母过于保护孩子，则孩子被动、依赖、沉默、缺乏社交能力；

（5）父母教养意见有分歧，孩子就警惕性高，两面讨好，易说谎，投机取巧；

（6）父母支配型教养孩子，孩子就顺从、依赖、缺乏独立性。

一个孩子积极乐观，礼貌待人，说话得体，独立自强，那么家庭方面一定是和谐美满的，同时家长又对孩子进行了很多针对性的教育，家长平时也肯定是性格优良的人，才能一点点地把优秀的品质传递给孩子。

我认识一个刘女士，她的孩子 4 岁多，跟同龄孩子玩的时候，被抢玩具不吭声，被欺负了也不找老师，甚至被打了也不还手，后来被打连哭都不哭了。其实了解刘女士家庭的人都知道，刘女士脾气特急，总跟丈夫吵架，稍有不满意火气就蹿上来了。刘女士的孩子处在这种环境中变得胆小，因为怕刘女士生气，所以总是默默忍受。

所以我在女儿面前永远都是一副好形象，哪怕很累我也会收起自己的脾气，在女儿面前从不跟人争吵。面对快递小哥、卖菜的大娘都保持笑容恭谦的态度，我这样做就是为了给女儿做一个榜样。

作为父母，至少要给孩子一个和谐美满的家庭氛围，夫妻间即使吵架也要关上门吵，别当着孩子的面。家长也应该意识到，自己的一言一行都被孩子看在了眼里，所以在孩子面前，哪怕"装"也要做得合乎规矩，不要让孩子学到坏习惯。

所谓言传身教，就是家长的日常行为影响着孩子。家长待人接物彬彬有礼，孩子也一定礼貌有加，家长若是对待邻居总是恶语相向，那孩子也会把这种作风学去。所以，家长们在教育孩子的时候，先不要考虑给孩子讲大道理说教，他们未必听得懂，最好的办法就是用行动影响孩子，用良好的家庭环境熏陶孩子成长。

/ 第四章 /

训练孩子专注力的最佳时间

1. 孩子天生的专注力，是如何被破坏的

孩子越小，专注的时间越短，比如 2 岁的儿童注意力只有 7 分钟。

如果我们从孩子小的时候就破坏孩子的注意力，那么孩子越大，注意力就越难以集中。让我们来看看，孩子的注意力都是怎么被我们破坏的吧。

周末，我带女儿逛书店，一般到了书店，我就让女儿自己找书看了。她拿了一本童话，跪在地上看，旁边一个小男孩也学她的样子跪在地上看一本绘本。

男孩的奶奶立刻上来说："宝宝，别跪在地上，太凉！"因为书店很多人都坐在地上看书，男孩刚站起来没一分钟就又坐在地上了。

奶奶又走上前："宝宝，不能坐地上，屁股凉了，拉肚子！"

孩子站起来，放回手中的书，换了一本，然后就开始各处溜达。转了一圈好不容易安静下来，拿起一本漫画书刚看了几分钟，奶奶又来了："宝宝，渴不渴啊，喝口水！"孩子摇头，奶奶不甘心，把水杯打开，把水送到男孩嘴边，男孩不情愿地喝了一口，眼睛还在书上，奶奶不高兴了，一把把书抢过来，扔在了书堆里，然后开始教训男孩："你知不知道，不喝水就会上火，上火了就会发烧，到时候谁管啊，你爸你妈工作那么忙，不还得我管你吗！快，喝水！"

男孩无奈地喝了几口，然后又趴到女儿这里，和女儿一起看书。奶奶当然又不干了，连拉带扯地把男孩弄起来，两个人走出了书店。

这不到半个小时的时间，男孩被奶奶打断了至少六次！我相信，奶奶一定不知道，她的这份爱，这份唠叨，已经把孩子的专注给毁了。

其实，当孩子专注地玩的时候，如果看护人不去一再干扰，而是让他专注完整地做完他想做完的事情，孩子就会有持久的专注力。孩子的专注力不是被培养出来的，而是被保护出来的。

我们在生活中有时候无意间的某个举动其实就破坏了孩子的专注力；孩子很专注地玩游戏时，我们一会儿端水过来给孩子喝，一会儿又问孩子累不累……其实这些看似关怀的举动正是抹杀孩子专注力的凶手。

当孩子专心摆弄自己的玩具时，其实他正沉浸在科学探索的愉悦中，这时是孩子开发大脑与注意力的好时机，此时应该放手让孩子去玩，不要去打扰他。

家长们都是很爱孩子的，但是要记住：在培养孩子专注力的时候，不要一下子给孩子买太多玩具，乍看起来孩子的选择更加的丰富，但恰恰事与愿违，孩子的注意力往往无法专注在一个玩具上，每更换一次玩具，孩子的情绪也容易随之变得浮躁，当其面对有一定游戏难度的玩具时，也容易产生退缩的想法。

想要在游戏中培养孩子的专注力，不在于玩具数量，而在于如何引导孩子持续地在游戏中获得新的乐趣，比如给孩子一个魔方的同时，可以教他如何拼好一面，勾起他继续拼下去的欲望，当他完成六面的时候，再给他具有全新挑战的玩具及奖励，从而保护并提升孩子的专注力。

家长要有足够的耐心，我们家长在做某些事情不够有耐心，比较随意，那么这种性格很有可能就会传染给孩子，造成他们做事没有毅力、不够专注的性格。

如果孩子正在自娱自乐地玩玩具，妈妈们出来指导帮他玩，也许孩子会反抗，妈妈们此时千万不要发脾气。

也许，你一个小小的举动就扼杀了孩子的创造力。孩子反抗，肯定是他有自己的想法，妈妈的过分干涉，会使孩子的思考能力大受束缚，很不利于孩子创造力的开发哦！如果看见孩子正沉醉在他的游戏中，大人只要远远的关注，不要打扰他，或许，你会发现孩子也会做得很好呢！

有的孩子喜欢一件事重复去做，做父母的千万不要去制止，当孩子重复做某件事的时候，已经体现出他对这件事物的强烈兴趣，并且在其中感受专注带来的满足感，此时也是培养孩子耐心，恒心的好时候。当孩子表现出对某件事物特别感兴趣，一遍又一遍重复时，要趁热打铁，让孩子"重复练习"，以培养他的专注力。

在孩子的教育黄金期，他的专注力是很容易被破坏的，但也是培养其专注力的最佳时期，如果在这个时间段将孩子的专注力培养好了，那么这个孩子的专注力就会一直很强，也会对孩子将来的成长有很大的帮助。

2. 认识孩子注意力发展的规律

有一次，我在接女儿放学的时候，老师向我反映女儿最近上课经常走神，我有些担心。因为平时在家的时候，只要一开始学习她就有开小差的表现，除了学习之外的什么东西似乎都能让她分神，尤其是她那一堆心爱的洋娃娃。

"她不会是在注意力发展方面出现什么缺失的毛病了吧？"我很紧张地开始朝这方面想。

孩子不专心，一定是因为有一样别的东西吸引了他更多的注意力，而不是孩子本身缺乏专注做事的能力。

俄国教育家乌申斯基曾说道："注意是心灵的门户。"如果开启注意力这扇大门人就可能集中注意去学习，同时也会获得相应阶段应掌握的知识和技能。对孩子来说，他们的智力活动，包括一切心理活动都离不开注意，因此培养孩子养成良好的注意力在他们的心理发展中具有重要的意义。

孩子注意力不集中，会导致认知效率低下，自主学习力难以发展，这让很多家长头痛不已。值得庆幸的是，很多家长说自己的孩子专注力不够好，都不过是一种臆测，不是事实。之所以家长会有这样的认识，是因为家长不了解孩子，对孩子期望值太高。

在生活中，家长该怎样判断孩子的注意力是否集中呢？

注意分为有意注意和无意注意。无意注意是指没有预定的目的，也不需要意志控制的注意；而有意注意则是指预设了目标，需要主观意志力去控制的注意。

孩子注意力发展规律：孩子越小，注意力集中的时间越短。

0~2 岁，孩子以无意注意为主；

2~3 岁，孩子的注意力约为 7 分钟；

3~4 岁，孩子可以集中注意力约 9 分钟；

4~5 岁，孩子的专注时间可以达到 12 分钟；

5~6 岁，孩子的专注时间则可达到 15 分钟左右；

6~9 岁，孩子的注意力可达到 30 分钟或更长。

在这段成长的时期，随着孩子年龄的增长，他们注意力的品质也会有所提升，这也就是孩子对新异事物敏感的原因。

孩子注意力能否集中，还取决于兴趣。如果孩子对某个事物没有兴趣，他注意力集中的时间就会明显比较短，甚至根本就不去注意。

同时，童年时期的孩子们一心多用的本领高强，往往可以同时关注几件事情，这很容易让家长误以为他们是注意力涣散、甚至多动。

在孩子们的成长阶段，家长应该对孩子的注意力的发展规律有所认识，使得我们能够在孩子的成长过程中更加了解和掌握孩子的注意力的发展，从而达到更好地培养他们的专注力。

知觉是认识的开始，注意则是知觉的前提。孩子对同一场景进行观察时，不同的孩子观察到的事物不同。这是因为每个孩子的注意不同，孩子对某一感兴趣的事物会进行细致的观察，从中获得对事物的认识，促进幼儿认知的发展。

孩子对过去感知的事物，基本上能记在脑子里。有一次，午饭后幼儿园老师给孩子们放动画片，画面刚出现，有孩子便喊："老师，这个我们以前看过了。"由此可见，感知的发展与幼儿注意力的发展有一定关系。

孩子行动的坚持性与注意力也是分不开的，注意力会影响他们各种活动以及在活动中的坚持性，没有幼儿注意力的参与，孩子们所参加的各种活动就不能顺利地进行，也不能使活动坚持到最后。孩子们的注意力集中时间越长越有利于发展孩子的自我约束能力，而孩子良好的自我约束能力能增加孩子注意力的时间，促进孩子坚持性的发展。孩子在板凳上老老实实坐着的时间很短，一会就乱动，这说明孩子的自我约束能力差。相反，我们应慢慢训练孩子的自我约束能力，就可以提高孩子的注意力。

孩子注意力发展的过程具有以下的特点：

（1）孩子注意力的稳定具有一定的选择性。这表现为对某一类自己喜欢的刺激注意得多，对另一种不喜欢的刺激注意得少。比如，在同一情境下，同一活动中，每个孩子的注意对象不同。放在游戏区内的玩具，男孩与女孩所选择的玩具不同，同样，女孩所选择的玩具也是不一样的。

（2）孩子注意力的稳定性受外界因素的影响较大。比如，家长可以在吃饭时谈笑自如而不影响进餐，而孩子如果处在这种环境里，孩子要么只是吃饭要么只是听别人说话，如果幼儿要想表达一下自己的看法，他会放下碗筷甚至站立起来手舞足蹈。因此孩子在进餐时家长应要求孩子专心吃饭，不要说话。

（3）孩子注意力的稳定性会随着孩子年龄的增长而逐渐提高。家长应该在平时的活动中注意培养孩子注意的稳定性。例如：鼓励孩子完整的听完一个故事；在规定时间内完成一件手工作品；在体育游戏中完成某项任务等等。

（4）孩子注意的广度，也就是同一瞬间孩子把握对象的数量，孩子把握对象的数量一般是 2~3 个；成人一般是 4~6 个。阅读中的"一目十行"就是注意广度应用的很好说明，在活动中注意对象如果排列有规律，孩子的注意范围就会变大，而对于无规律排列的其注意的范围就会变小；孩子对颜色相同的注意对象其注意的范围要比颜色复杂的大；孩子对于注意对象大小一致的注意范围比大小不一致的注意范围要大。所以，家长在与孩子进行玩耍时要考虑到是否对培养孩子的注意力有益。

3. 孩子注意力不集中的原因

注意力是指人的心理活动对外界一定事物的指向和集中的能力。孩子不专心，一定是因为有一样别的东西吸引了他更多的注意力，而不是孩子本身缺乏专注做事的能力。

一天我下班回家，刚好碰见邻居家然然妈妈买菜回来，她说："我家然然上幼儿园都有一年半的时间了，刚开始还好好的，各方面也都还比较乖巧，可是最近老师反映他经常发呆，注意力也不是那么集中了。就平时多留心了一下，发现然然与家里人很能玩得来，比较开心，不顺心也会发脾气。喜欢看动画片，还比较黏人。但是，然然在外边却很难和其他小朋友玩到一起，也不会主动去和小朋友玩，而且在玩的时候如果需求得不到满足就会很生气地走开，并且不愿意再玩。然然比较胖，可能有时候在活动能力上比其他小朋友稍微差一点。也不太敢表现自己，人多就更不敢离开我了。我很是担忧。"

很多家长对于孩子能否集中注意力也跟我有着一样的心情，因为如果不能很好地控制自己的注意力，对于将来的学习、工作都是很不利的。

孩子注意力不集中究竟是什么原因造成的呢？

（1）孩子身体状况不佳，会影响幼儿情绪，引起幼儿的多动。孩子睡眠不足，疾病等引起的情绪不稳定导致注意力减弱。

（2）孩子不善于转移注意力。如：孩子在听完一个有趣的故事后，可能受其中某些情节的影响而忽视了妈妈的提问，出现分心的现象。

（3）外界干扰所致。如：环境繁杂、喧闹等使孩子的注意力不易集中。由于孩子正处于童年时期的成长阶段，其大脑和神经系统发育不完善、身体平衡能力差、协调能力差，易冲动。我们应当尊重孩子的身心发展规律和学习特点。此外，孩子的注意以无意注意为主，比如说，班里有位同学过生日，妈妈在孩子上课期间将蛋糕送入教室内，此时注意力不集中的那些孩子就会发现这些事情，然后大喊："××，你妈妈给你带蛋糕来了。"此时无论老师再怎么让孩子把心收回，安静上课，孩子也都会不自觉地回头望一眼蛋糕。这样，孩子就不能集中注意力上课，从而影响学习效果。

（4）教育内容、方法不符合孩子的年龄特点。教育内容太深奥，孩子不能理解，或太浅缺乏新鲜感，都不能引起孩子的注意。另外，教学方法不够灵活，不注意动静搭配，或活动要求不够明确等都会影响孩子的注意力。

除了以上注意力不集中的原因外，在生理方面，孩子若身体不适，警觉方面发展不良，天生好动，以及神经系统或大脑功能发生问题时，都会出现注意力不集中的问题。

心理上缺乏安全感和自信心不足，过分依赖、缺乏耐心或情绪困扰，亦是注意力不集中的原因。

这些情况大多数是教育方式和成长的环境所造成的。除了解决生理上的问题外，家长还应该认识到，专心其实是一种可以训练、学习和培养的行为习惯。在埋怨孩子不专心的同时，亦要反省自己有无不对之处。

有时绝大多数孩子都没有注意力方面的问题。即便那些被认定为专注力很差的孩子，在某些情形，如玩电子游戏时，也可以一玩几个小时。为什么孩子玩游戏如此专注，做别的事情就会三分钟热度，注意力涣散呢？问题也可能是出在了我们做父母的身上。很多时候，父母不是在帮助孩子变得更专注，而是在不自觉地促使他注意力更涣散。

当孩子玩得很专注的时候，家长干涉或打扰。家长总要询问孩子："你在干吗呢？"或者干涉他："这个不能这么玩，你看，要这样！"有朋友或邻居来了，要求孩子打招呼，若孩子不予理睬，就扣帽子："没礼貌！阿姨跟你说话呢，快回答阿姨！"

许多家长为了省事，给孩子塞个手机或者平板电脑，让孩子自己玩。但却忘记电子产品玩多了，会降低孩子对其他活动或者事物的兴趣，孩子自然就会玩电子游戏很专注，做其他事情如坐针毡。

有时家长强求孩子专注地做自己认为对孩子成长有益的事。要求孩子从头至尾完完整整读一本书，读书时不许跑来跑去，不许中断等。孩子当下尚年幼，管不住自己，家长与孩子就会形成对立关系，使孩子建立起一个习惯性的反感模式——但凡要他做什么，他就时刻准备逃跑。

家长对孩子期望值过高，容易给孩子负面的心理暗示。有些家长不顾孩子发展水平，以成人的眼光来衡量孩子专注的程度，给孩子贴负面标签，导致孩子越来越不专注。

家长有时在陪伴孩子时心不在焉，这样容易导致孩子缺失安全感。在这样的状态下，孩子会觉得父母在敷衍他，致使内心不安宁，没有心情集中注意力。

有些家长由于太过担心孩子兴趣狭窄，急于改变孩子。于是，当孩子很长时间都执着于某项活动或者痴迷某些事物时，家长生怕孩子忽略了其他，急着将他的兴趣转移到其他事物。

4. 低年级的孩子上课爱走神，怎么办

一些家长无奈地抱怨孩子写作业时心不在焉，上课注意力不集中，还老是开小差……

儿童心理学家指出：七八岁的孩子持续集中注意的时间是 20 分钟左右，而小学一年级一节课的时间大概在 40 分钟，要让一个低年级的学生保证全程高度集中注意力是不太现实的。但如果一个孩子一堂课都注意力涣散，那肯定是哪里出了问题。此时家长要注重培养孩子的注意力，让孩子认识到课堂的重要性。

低年级是培养孩子注意力的最佳时期，家长一定要抓住这段时间，让孩子养成专心听讲的好习惯。

怎样才能纠正孩子学习时注意力分散的坏习惯呢？我在这里说说我的经验，以供大家参考。

家长应该让孩子明白，学习是孩子自己的事，用心学习，是对自己将来负责。同时，我们也要有意识地让孩子明白课堂的重要性，养成上课专心听讲的好习惯。这样在课堂上，孩子才能端正自己的听讲态度。

曾有一位妈妈，提醒她的儿子道："你上课只要认真听讲，放学后就不用再花过多的时间看书了。课下你只要简单地复习一下，就会发现书

本上的知识你全都会了，这样就可以轻轻松松地玩了。如果你做不到一节课 40 分钟认真听讲，在这 40 分钟里，你也得按老师的要求规规矩矩地坐着，不能动，不能玩儿。别人都学会了，就你不会。那怎么办呢？只有等到妈妈下班回来后给你补习，如果有些问题我也解决不了，你还得第二天专门去问老师。这样本来 40 分钟可以解决的问题，可是因为你不专心听讲，还得占用玩的时间把它学会。你仔细想一想，这样亏不亏？"

对于六七岁的孩子，如果我们单纯地告诉他，上课有多么重要，他未必听得懂。但是如果我们像这位妈妈一样，从上课不听讲的后果去给孩子讲，孩子的心中自然就会权衡：原来上课不听讲还要占用课下玩的时间。当他觉得这样不合算的时候，便会努力做到上课专心听讲了。

家长也要鼓励孩子在课堂上积极发言。心理学家指出：在人们各种各样的交往方式中，听占 45%，说占 30%，读占 16%，写占 9%。从这里我们不难看出，除了"听"以外，"说"是孩子获取信息的主要途径，同时也是提高课堂注意力有效的方法之一。要鼓励孩子在课堂上积极发言。要告诉他，不要怕说错，也不要担心别人笑话自己，因为说错恰恰是提高的一个过程。遇到不明白的地方，我们也要鼓励他积极举手向老师提问，使他尽量做到把疑问在课堂上解决。这样也能使得孩子在这种积极的学习状态中逐渐激发对学习的兴趣。

多数的事例也表明：如果孩子对一门功课毫无兴趣，那就很难要求他集中注意力。假如孩子对学习的内容兴致勃勃，根本不用谁督促就能全神贯注。正如俗话所说"兴趣是最好的老师"。

作为父母，我们要经常在日常生活中慢慢地给孩子灌输认真听讲的意识，要经常翻看孩子的课本，对他所学的内容做到心中有数。

我平时就会时不时地翻女儿的课本，有一次，在看了女儿的数学课本后，发现第二天要讲的内容有些难度。就把女儿叫过来，对她说："明天的数学课上老师要讲的内容非常重要、我也不太明白。你明天学会了，一定要给妈妈好好讲解一下。"结果第二天，女儿上课听讲非常认真，知识点虽然有些难，但她很快就掌握了。

我的一番话为女儿上课认真听讲奠定了一定的基础，所以女儿第二天上课时会特别注意听老师是怎么讲的，这不失为促进孩子认真听讲的好方法。当然，这种方法不能经常使用，最好在孩子第二天所学知识有些难度或者他这一段时间表现有些懈怠的时候用。否则使用的次数多了，孩子可能会产生"抗体"，也就起不到促进他认真听讲的作用了。

家长要注意的是，孩子上课走神除了和没有认识到课堂的重要性有关外，还和孩子自身的注意力差有关。因此，平时我们可以通过一些小游戏培养他的注意力。比如，找不同、走迷宫、玩积木等游戏都可以起到提高注意力的作用。

要尽量为孩子营造一种良好的学习环境。许多孩子注意力不集中，与家庭环境也有一定的关系。有的家长白天上班很累，晚上就喜欢看电视，而且声音很大，还有的家长喜欢把邻居、同事约在家里打麻将，这必然会影响孩子的注意力。当孩子学习时，家长一定要保持安静，不要让孩子将学习的注意力分散到周围环境中去。如果家长一直保持着良好的读书、学习的习惯，孩子就能耳濡目染。这就需要家长平时要注意尽量排除干扰孩子学习的环境因素。

当孩子心理压力比较重的时候，孩子的注意力也会受到影响。尤其是一些孩子因为害怕考试，甚至是害怕一些被家长们界定为"将决定一生命运"的考试。为此，孩子们经常心神不安，甚至胡思乱想。背负沉重的心理负担，孩子自然就无法专心学习。但凡优秀的家长，都应该是孩子称职的心理安慰师。

5. 给孩子一个明确的时间来完成作业

想让孩子能集中精力做事，培养他的时间紧迫感很重要。女儿在家写作业的时候，我会检查一遍作业内容，然后给她一个时间限制，告诉她做完作业才可以出去玩。最开始女儿东看西看，过了时间也没完成作业，我就限制她玩的时间。后来她明白，一边玩一边写作业会耽误自己真正地玩，所以总是能在时限内把作业做完。

一天，女儿在做作业，我在客厅看电视，电视正在播放她喜欢的《动物世界》，我叫她来看，她在书房大声说："不行，我得先把作业写完。"这番话让我十分欣慰。

学校开家长会时，我跟其他家长聊天，很多家长都抱怨自己的孩子写作业拖拖拉拉，边写边玩，20分钟能写完的作业硬拖到两个小时。哄骗、监督、陪读等方法都用过了，孩子的坏习惯非但没改，反而越来越抗拒，甚至出现厌学问题。

孩子写作业慢，精力不集中，也不全是孩子的问题。其中一个家长也表示自家孩子写作业又慢又差，我问她："你的孩子在哪写作业？书房？"

"在客厅，这孩子没人看着就不写，我给他安排在客厅，他能老实点。"这位家长说。

"那你是坐在孩子旁边监督他写吗？"我又问。

"那多无聊啊，小学 2 年级的作业我可没耐心，孩子在我旁边写，我看电视。"

这位家长安排孩子在客厅写作业，美其名曰"方便监督"，自己却打开电视看电视剧，在这种环境下，孩子哪能集中精神？很多家长走入了这样的误区，觉得孩子的作业跟自己无关，自己只负责让孩子按时完成。其实家长是完全可以对孩子的学习态度进行干预的，给孩子一个安静、积极的学习环境是相当重要的。

家长可以给孩子制定一个学习计划，监督孩子写作业的方法并不一定好，更好的方法就是家长与孩子一起学习，跟孩子讨论学习内容，与孩子一起制定一个学习计划，帮助孩子分配时间，什么时间写作业、什么时间可以玩。

家长可以对孩子说：你可以不着急，但你必须在 8 点钟之前完成作业，不然，周末就不能做什么等。培养孩子的时间紧迫感，慢慢地让孩子养成学习规律的习惯。有了明确的任务，孩子学习时就有了动力，就能保持良好的学习状态。当然，要求孩子学习的时间不能太长，也不能要求孩子长时间做同一件事。因为这些都是导致孩子注意力不集中的因素。

孩子按时完成了作业，家长可以加以表扬，还可以辅助一些别的奖励。同时，还可以为孩子设定一个假想的竞争对手，比如提醒他"××每天晚上只需花一个小时就能完成作业，还有时间看动画片"。

在我家里，我把给女儿写作业的时限变成了我和她的约定，女儿知道我希望她在 8 点前完成作业，她几乎没让我失望过。当强硬的时限变成约定后，孩子对学习就不会有抵抗情绪，而在她完成作业后，我也会对女儿进行表扬和奖励。

不光是写作业，其他事情也可以适用这种方法，比如三个月内得到老师发的小红花、半年内提升钢琴水平、半个小时内吃完午饭等等。当然，这些规定并不是死的，孩子没做到不一定要有什么惩罚。把事情加一个时间限制，能提高孩子对时间的敏感，提升孩子的紧迫感。为了能在规定时间内把事情做完，就必须要集中精力，摒弃掉脑海中浮现的动画片、玩具、郊游等，专心致志地把事情做好，逐渐提高自己专心的能力。等到孩子再做事情时，自己就会在心里设定一个时间限制，并按时完成。

6. 让孩子一次只做一件事

有一次,我去一个朋友家做客,她5岁的女儿正伏在茶几上写作业,小女孩跟我很熟悉，缠着跟我聊天，却被她妈妈呵斥："先去把作业写完！"

随后，我跟她妈妈聊天，聊到了小女孩曾经在学校的舞蹈比赛里获得一枚奖牌，女孩听到后立刻跳起来："叔叔我把奖牌拿给你看！"

小女孩拿来奖牌加入谈话，过了一会儿她妈妈反应过来，又驱赶她去写作业。她妈妈给我拿来水果，也顺手给小女孩一根香蕉，小女孩就一口一口吃香蕉，一边哼着歌写作业。可以想象，当我离开后，这位母亲应该会埋怨女儿的作业为何拖拖拉拉。

我心疼这个小女孩，因为她的拖拉并不完全是自己造成的，她的妈妈有很大责任。

孩子天性爱动，做事不专心是正常的。我的女儿原先也有一心二用的习惯，总是一边漫不经心地看书，一边跟我聊天，或者一边写作业，一边看窗外的小鸟。后来我仔细思考了下，是不是自己平时的急躁给孩子带来了不良影响，比如我们总在催促孩子。"快点""抓紧点""别磨蹭"，久而久之孩子就学会了"快"，也学会了一心两用。

所以我后来在女儿做事时，从来不去打扰她，即便时间紧张，也尽可能提前做好安排，给孩子一些时间提示，孩子会根据时间长短安排好自己的事情，不慌乱，而且能专心处理好自己手头的事情。

当孩子在做一件事情的同时也做着另一件事，我们要阻止孩子，告诉他要专心致志。一边写作业一边吃东西，一边看电视一边玩玩具，一边要睡觉一边要听故事，家长对这样的现象不要姑息，要及时给予提醒。

我曾有一个学生上课总容易走神，一边听老师讲课一边摆弄手里的铅笔，要么就是抬头看着天花板发呆。提醒了他几次，效果不佳。后来，我发现他在上美术课的时候特别专注，他小心翼翼地画出线条，又涂上精心挑选的油彩。

这就充分说明，孩子的不专注其实就是因为他不感兴趣。只有孩子对某件事感兴趣，做起来才不会三心二意。从来都听说孩子做作业时贪玩，没有孩子玩的时候嚷着要写作业。所以，我们在培养孩子专注力的时候，先要从孩子最感兴趣的事物出发，孩子做喜欢的事情时总是全神贯注。

对于孩子来说，兴趣爱好是最好的专注力。在培养专注力的时候，可以先从孩子最喜欢的事情入手，比如孩子喜欢绘画，那就给他足够的时间画，不去打扰他，时间久了这种一心一意的专注力就培养出来了。

下面是我总结的提高孩子专注力的几点方法。

（1）找出让孩子专心的办法

有些孩子特别容易被视觉刺激的东西吸引，有些则是触觉，也有可能是听觉。在了解到哪一种感官刺激最能吸引孩子之后，家长就能够因势利导，轻松提升孩子的专注力。

（2）给孩子分配时间

孩子的稳定度不如成人，如果让孩子在一个很长时间段内做一件事很难，所以不妨观察一下孩子写作业能坚持多久、看电视能坚持多久，然后把孩子每天的生活时间分割得当。孩子能写一个小时作业，就不让他写两个小时，把每一段时间都安排在合理的范围内，这样再慢慢提高，就能够产生意想不到的效果。

（3）注意自己的说话语气

家长一旦着急起来，在很多时候都会发出不耐烦的语气，就会"逼"着孩子同时做好几件事。所以家长不妨用温柔缓慢的语言给孩子讲解，亲身示范给孩子看，或者同孩子一起完成。这样也可以使孩子在这一时间段里只做一件事。

（4）借助辅助物品

我买了一个很可爱的小沙漏，用来给女儿计时，女儿对这种新奇的计时方法很感兴趣。她写作业时，我就把沙漏摆在书桌上，告诉她："沙漏里的沙漏完了，就可以休息十分钟。"这种方法增强了女儿的时间观念，她每次都很积极地配合。

7. 如何让孩子一时的兴趣更持久

在不同阶段，孩子会萌生不同的兴趣。有的兴趣只是一时兴起，维持三分钟热度，之后就渐渐磨灭；而有的会一直持续，成为一种长久的坚持的习惯，并日益增强，而且由此变为孩子主动探寻未知的动力。作为父母，我想要做的就是用优质的陪伴，保护好孩子这种好奇与探索的热情。

当开始发现孩子兴趣所在的时候，家长要从孩子的视角去接纳他的兴趣，用一颗孩子的心和他一起体验。

为孩子提供适合兴趣发展的环境，是兴趣持续发展所需要的土壤。

比起诱人的物质奖励，尊重、关注和自由，才是小孩子最渴望的礼物。而孩子的责任感、荣耀感、成就感和自主感，就在一次次恰当的奖励中得到了鼓励和激发。

记得第一次给女儿读《昆虫记》时，她逐渐开始对一些小昆虫产生兴趣和好奇心，走在路上看到新奇的小虫子就会不停地问"这个昆虫是害虫还是益虫呢？"……从开始好奇到深入去了解，再到自己亲自观察，孩子的兴趣日益深厚，甚至可以说是对此着迷。

这一过程持续一年多，回顾这个过程，我做了这样的总结：

当开始发现孩子兴趣所在的时候，首先要从孩子的视角去接纳她的兴趣，用一颗孩子的心和她一起体验。

当她想停下来看路边的草丛中的各种小昆虫时，我随时随地都愿意停下来陪她一起看。

当她在树林里、草丛里发现有意外惊喜的时候，我会表现得和她一样兴奋和惊喜。

当她在纪录片里看到她喜欢的小昆虫即将出现而呼唤"妈妈，你快来看"的时候，我会立马跑到她身边一起等待那个镜头的出现。

当她发现小蚂蚁整齐有序地排排走而兴冲冲地告诉我的时候，我装作刚刚才知道的样子，并谢谢她告诉我这一新发现。

孩子的感受就是我的感受，只有拥有和孩子一样的童心，才能去体会和分享她的各种惊喜，才能给孩子所期待的回应和共鸣，这种情感上的共鸣让她更有兴趣和热情去发现和观察自然界中的点点滴滴，更有好奇心去探寻关于昆虫的各种问题。

同时，我也搜集了一些有关昆虫的各种题材，如昆虫的标本、纪录片、百科书等，去了解孩子经常问到的一些问题。我给她挑选了一系列关于昆虫的小标本、《昆虫世界历险记》等书籍和期刊。我带着一颗孩子一样的心，和孩子一起体验他发现探寻过程中的各种惊喜，像孩子一样去爱上她所喜欢的关于昆虫的一切。

周末和节假日，尽可能选择去户外亲近大自然，因为那段时间她是那么地迷恋大自然，只要是能发现各种不同小昆虫的地方，她都喜欢，她都会停下来不舍得离开。

孩子喜欢的地方并不是我们成年人所认为的好玩的场所，也许只是一堆沙，一湾水、一片她感兴趣的草丛。我只带他去她认为的好玩的和她想去的地方。

家里阳台不大，但为了给她创造实践的机会和条件，让她能拥有一个小实验室，我给她在阳台留出了一块属于自己的小空间，专供她来放观察昆虫的小箱子、小盒子之类的物件。

最大限度地满足孩子的好奇心，用心保护孩子求知欲和热情。

她曾干过不少"坏事"和"傻事"，我的第一反应不会是生气或责备，我总会先听她说为什么要那样做。有一天，她把抓来的七星瓢虫放在家里的鱼缸里，她就是想知道七星瓢虫是不是除了会飞也会游泳……面对孩子天真的好奇心和似乎荒唐的举动，只要不是故意破坏的，我都支持她去尝试和探寻，因为对孩子来说好奇心被满足就是她的快乐，我尽我所能去实现她探寻的各种想法和心愿，支持她的各种实践行动。

经过 1 年多的时间，孩子对昆虫以及昆虫活动的兴趣和热情丝毫没有减弱，她能够坚持照顾她的小实验基地，同时，对那些小昆虫她充满了爱心，保护她的小蜜蜂、给弱小的蚂蚁多一些照顾……当然更多的是满满的快乐和对大自然的无限热爱。在这期间，我时常鼓励孩子亲自尝试，而不是直接给出答案，尽管我可以直接告诉她现成的经验，但我从来没有直接告诉她这不能做，更不会轻易阻止她做某件事，我鼓励并支持她尝试，并且提供必要的协助。因为那个亲自尝试体验的过程远比仅仅教会她知识和经验更重要，来得更有乐趣。

孩子通过亲自尝试得出的结论会让他们更有成就感，更利于孩子渐渐养成主动探寻、自主求知的习惯。孩子的兴趣来得突然，要想它来得快、去得慢、持续久，作为父母，支持孩子兴趣的方式方法有很多，不一定是着急地把他们送到兴趣班，也不一定是要提供多少物质上的支持，更多的是需要从孩子的视角，用孩子的心态和他们一起去体验，给予精神上的支持和陪伴，孩子的兴趣发展不一定能带来我们所谓的成绩和收获，但至少做他感兴趣的事，一定会给他带去一段快乐的难忘的童年时光，同时，也使得孩子一时的兴趣变得更持久。

8. 为孩子创造利于其专注的环境

一次，一个同事说，她们班上的一个男孩注意力一直很差，上课不够专注，几次提醒毫无效果后，于是决定家访准备和男孩的妈妈好好谈谈。

同事走进男孩家时，发现家里客厅中的电视正在大声地"歌唱"，而男孩的卧室门也大大敞着。为了能更好地谈话，同事说她不得不要求男孩的妈妈将电视声音调小。

同事还发现这家里似乎到处都有男孩乱丢的玩具，男孩的卧室里也堆满了玩具。就在同事和男孩妈妈谈话期间，妈妈每当听到同事提出男孩的一个问题，就要招呼男孩过来问个明白，然后再让他回去继续写作业，有时直接就对着卧室大声训斥。

同事无奈地摇摇头，对男孩的妈妈说："孩子现在还小，专注力很容易受外界影响，在孩子写作业的时候，最好能给孩子创造一个安静的环境。"

事实上，孩子的成长受周围环境的影响很大，在孩子走向社会之前，他们所接触最多的环境就是家庭与学校。一些家长没有充分地认识到，家庭的氛围与环境对孩子的影响更大。

据调查显示：幼儿园之前，环境对孩子的影响 100% 来自于家庭，幼儿园学习阶段，环境对孩子的影响主要来自于幼儿园和家庭，到了小学，学校的影响会达到 30%~50%。正因为如此，家长要特别注意为孩子这成长的关键 10 年创造一个良好的家庭氛围和环境。

这种生活环境是一种自然、平凡、简单的生活状态，就是要让孩子生活起来没有压力，有助于孩子精神放松，并能够更好地集中精力，让孩子达到专注的效果。

这就需要家长搞好家庭环境卫生，及时清理各种生活垃圾，否则，一个小废纸片也许就会扰乱孩子。此外，不经常清理生活垃圾容易滋生细菌，对孩子的身体健康也会产生严重影响，如果孩子生病了，就更无法专注地去做事情了。在整理时，家长应将东西分门别类地收好或摆放好，比如，孩子的玩具要统一收到同一个地方，而一些家庭日常用品也要各归各位，摆放在合适的地方。这不但为日后寻找提供便捷，而且也不会恢复之前的凌乱。

孩子的房间布置是否合理也是影响孩子专注力的一个因素。孩子的房间最好以简洁、明快的风格为主，摆放物品不能太多太杂。墙壁以淡色为宜，不要贴、挂很多东西，应该有一条关于学习的格言或座右铭，最好由孩子自己选择。有些家长让孩子从自己的实际出发，自己编写格言、警句，抄好贴在墙上，也是个很好的方法。

孩子还要适当考虑孩子的个性和特点。比如有的孩子特别好动，房间就应减少大红大绿、花色斑驳的东西，以免助长其不稳定的情绪。有的孩子过于内向、沉闷，房间的布置反而需要热烈、活泼一些。

家人的和谐，也是营造温馨气氛的重要环节。孩子都是敏感的，当家长的情绪发生变化时，孩子总会立刻察觉到。所以，家长应营造一种家庭和睦，父母相爱，情绪欢愉，气氛宁静的氛围。家庭成员的学习、工作应当热情饱满，快乐认真。比如，书架有许多藏书，每天有看书报的习惯，有时候还要一人读书给大家听，这样的家庭氛围会使孩子活泼平静，注意力集中，孩子也会模仿家长的这些优良品性。

在孩子3岁左右时，要创设一个游戏、学习、桌面活动的场所或角落，位置应相对固定。那里应有小书桌、小椅子、小书架、玩具箱、工具柜、小黑板、大地图、日历牌和小闹钟等。让孩子习惯于坐在自己的位置上做学习游戏，凡是坐着玩和学的事，不允许在床上、沙发上、门槛上乱来。这样他就会产生学习活动的舒适感，并习惯成自然，形成条件反射，一坐上自己的位置就能比较专心、快乐地玩和学。

家长也要时常陪着孩子学习或玩耍，以激发他们的兴趣；家长也可坐在离孩子不远的地方，一边静静地做自己的事，一边适当指导孩子学和玩，时而指点一下或赞扬几句，这样孩子不但安心而且幸福。但也不要时时刻刻陪着孩子学和玩，更不能当他的"书童"，要逐渐让孩子习惯自学。

为了让孩子能养成独立、专心的习惯，家庭里每天必须有半小时左右个人的活动空间，包括孩子在内每个人都愉快、认真地做自己的事，一般不交谈和走动，把电视也关闭。这时即使孩子还很小，也要让他静静地坐着或躺着玩一会儿，给他一串钥匙或一本图书，他也能自己摆弄半个来小时。

家长和孩子在茶余饭后也可经常针对一些问题做一些家庭讨论、亲切的交谈、快乐的唱歌和幽默的玩笑。这样可以吸引孩子注意倾听，并逐渐参与到对话中来，使孩子快乐专注的性格得到培养。

家长也可有意识地训练孩子的专注：定时、定任务、定要求，让孩子力所能及，能高效率完成既定任务，亲自尝到专心学习的甜头。年龄小的孩子，家长应该给孩子示范，比如，一定时间里，工工整整地写多少个字、记多少个词语、背多长的课文。

当孩子学习时，家人尽量保持安静，电视、收音机最好关闭，如果在不同的房间，应把门关好，声音调小。说话不应大声，尤其不要吵架。

如果条件允许，可以规定每天晚上几点到几点，全家人都同时学习，有的读书，有的看报刊，有的写东西。这样的家庭气氛最能促进孩子专心学习。

/ 第五章 /

培养孩子高情商的黄金期，不容错过

1. 缺乏自控力，孩子再聪明也没用

生活中，家长们常常抱怨：

"孩子明明有蛀牙，却就是抵挡不了甜食的诱惑。"

"孩子每天都说早点睡觉，却忍不住玩手机、玩电脑、玩游戏到很晚。"

"自己计划好了暑假去练踢球，每天却以各种理由推脱不去。"

……

孩子的这些缺乏自控力的表现，让许多家长拿他们没办法。

20世纪60年代，沃尔特·米歇尔曾在斯坦福大学做过一个著名的心理学实验——棉花糖实验。

实验对象是一群4~5岁的孩子。研究人员把他们带进一个房间，房间有一张桌子，桌子上放着一个棉花糖。研究人员告诉孩子，自己有事

情要离开一会儿，如果他们回来的时候，孩子没有吃掉棉花糖，那么他们就可以得到两颗棉花糖作为奖励，如果吃掉了，则没有奖励。

大多数孩子只能坚持30秒。有1/3的孩子坚持了15分钟。

十多年后，沃尔特·米歇尔跟进了调查，发现等待时间长的孩子，不仅仅在学习成绩上有更佳的表现，而且在生活的各个方面都显示出优势：他们面对困难表现出更好的自控力并较少做出不成熟的举动；他们更能抵制各种不良诱惑，如毒品等；他们的社交能力更强，说话更流利且有条理；他们显得更聪明和自信。

瑞士心理学家皮亚杰通过实验得出了这样的规律：儿童道德发展大致分为两个阶段，在10岁以前，属于他律道德；10岁之后，属于自律道德。皮亚杰还把儿童道德的发展具体划分为4个阶段：

（1）自我中心阶段（2~5岁）

儿童开始接受外界的准则，但是不顾准则的规定，按照自己的意愿执行规则。其特点是单向、不可逆的自我中心主义，片面强调个人存在及个人的意见和要求。

（2）权威阶段（6~8岁）

这一阶段的儿童对外在权威表现出绝对尊重和顺从的愿望。他们了解规则对行为的作用，但不了解其意义。其特点是对行为的判断是根据客观的效果，而不是考虑主观动机。例如这一阶段的儿童认为听从父母和大人的话，就是好孩子，否则的话就是坏孩子。

（3）可逆性阶段（8~10岁）

这时候，儿童不再把规则看成不变的，而把它看成同伴间的共同约定，是可以改变的，并表现出合作互惠的精神。其特点是相互取舍的可逆特征表现得比较明显，开始以动机作为道德判断的依据。

（4）公正阶段（10~12岁）

处于这一阶段的儿童，思维广度、深度及灵活性都有了质的飞跃，从权威性过渡到平等性，而这种转变是利他主义因素增长的结果。其特点是道德观念倾向于主持公正、平等，此时儿童的道德判断达到了自律水平，才称得上是真正的道德。

那么，在这黄金教育的10年里家长如何做才能培养孩子的自控力呢？

皮亚杰认为，儿童道德发展阶段的顺序是固定不变的，是一个连续发展的整体，道德教育的目的就是使儿童达到自律阶段。从"他律"到"自律"，关键是加强孩子对道德概念及其意义的理解，使道德认识成为其个人行动的自觉力量。

（1）培养孩子同伴间的合作

同龄孩子之间的交流使他们在发现自我、形成社会知觉、获得情感支持的同时也促进了其对道德理解。此外，同龄孩子之间的矛盾、不协调、冲突，让孩子借助于协商、对话、交流等形式，了解其他人的观点、思想，这对道德认识发展起到了重要的作用。因此，家长要重视孩子同伴之间的交往，为其提供机会，并在出现问题时给予正确的引导。

（2）培养孩子道德评价能力

从"他律"到"自律"，是道德行为发展的过程，关键是让孩子对自己的行为进行反思和评价，从而形成自我约束和自我调节的机制。在此发展过程中，家长尤其要注意实事求是地给孩子做出评价示范，培养孩子对自己道德行为结果进行评估，对自己未来的道德行为进行预想。

其实，生活中有很多小事都隐藏着教孩子自控的机会。比如面对心爱的礼物，等不及去拆开；在小朋友的生日聚会上，等不及上手去抓蛋糕；面对期待的游戏，等不及轮流去玩。在这样的情况下，对年纪较小的孩子来说，耐心等待和自控的确是很大的挑战。所以在事情发生之前，尽量跟孩子说清楚他们为什么需要等待。

在等待的过程中，给孩子一些方法去分散他的注意力。关于自控力的很多研究表明，自控力并不完全是考验孩子的意志力，孩子不需要面对诱惑干等着，或者硬生生地控制自己。相反，做其他事可以分散注意力，比如唱首歌，讲个故事，让等待不那么难熬。

如果孩子表现得很痛苦和纠结，请肯定他的感受。

女儿来了一个小伙伴（狗狗），一天，女儿的小伙伴生病了，女儿很难过也很担心，于是，我就对女儿说："爸爸知道你肯定很不好过。你要不要做点其他的事呢？"女儿说："那我可以只是看看它，或者摸摸它吗？"我告诉她说："那我们看一下狗狗就去做其他事好不好，如果你一直看着它，会更难受的。"在这个过程中，我理解孩子的感受，而没有表现出如果他忍不住，就不是好孩子了。这对孩子来说特别重要。

一般说来，大脑中跟自控力相关的系统在 3 岁左右才开始形成，3~5 岁间会发展得很快，但从 5 岁开始这个区域的发展会慢下来，直到青春期，当大脑经历二次的爆发式发育时，孩子会表现出更高水平的自控力，并在未来的成年岁月中不断地完善。家长在这段时期，若有意识地帮助孩子锻炼他的自控力，那么随着孩子渐渐长大，他的自控力就会越来越好。

2. 3~12 岁是培养孩子自律的关键期

家长会抱怨自己的孩子"好动"，自我控制能力很差，上课时小动作不断，回家就看电视，写一会儿作业就心神不宁，给的零花钱瞬间就花光。小孩子自控力差是正常的，所以在孩子 3~12 岁期间我们要对孩子进行引导，培养孩子自律的能力。

女儿 4 岁的时候，我带她出去逛街，透过商场橱窗她看到一个洋娃娃然后站那儿就不走了，我知道她喜欢，但是不能让她养成喜欢什么就买什么的习惯，我就坚持没给她买。看着她眼泪汪汪的小脸我也很心疼，可是没办法。过了一个月，我看女儿特别懂事，就偷偷把洋娃娃买回来，给了她一个惊喜。没想到这件事过后，带她去商场时再也不吵闹着要东西了。

这是一种延迟满足的方法，可以锻炼孩子对欲望的自律。通过推迟满足孩子的愿望，来让他意识到内心的克制才能够得到更多。

孩子的自制力较差，这是由其心理发展的特点决定的。如果这时候没有外力的促进与监督，孩子是不可能自行形成良好的自制力的。比如每年都有很多孩子做不完暑假作业，很多孩子在开学前一晚疯狂地补作业，平时把时间用在贪玩上了，早上家长出门告诉孩子学习两个小时，家长走了孩子立刻把电视打开，一看就是一天，所以没有完成作业。

这种自制力差的表现需要家长来监督指导，孩子是没轻没重的，对时间观念也很模糊，所以每天关注孩子的学习状况，保障按时起床、按时写作业、按时睡觉，这是最基本的自律。当孩子做到家长要求的自律时，就允许孩子看看电视，上上网，让他明白只要在这个规则下不犯规，就能够享受到自己想要的。

这是用外力干扰的自律。由于孩子的自制力不可能是短时间能形成的，也不是下定决心就会立马形成的，其形成需要一个过程。对于一个比较马虎，定力较差的孩子，如果你给孩子规定从明天开始就要好好学习，他们达不到目标时往往会产生挫折感和无能感，丧失改变自己的信心。所以，自制力的形成不要期望一蹴而就。

比如，你可以让孩子在第一周时每天学习 30 分钟，玩 15 分钟，倘若孩子做到了这一点的话，第二周每天学习 1 小时，玩 20 分钟，再做到了这一点的话，就可以每天学习 1.5 小时，玩 30 分钟。当行为变成一种习惯时，自制力也就自然而然地形成了。任何坏习惯的改变或好习惯的形成都可以采取这个方法。请记住，循序渐进，有利于培养孩子的自信心，并且不会给孩子造成过大的心理压力，使他们能轻松地提升自制力。

家长们可以用激励的方法，来提升孩子的自律能力。当孩子有了好的变化时，千万不能忽略关注和奖励，否则这种行为可能倒退。激励一般以精神奖励和物质奖励并行，外在的物质奖励，不要过于频繁，而且最好用于结果而不是过程。比如，当孩子通过一段时间的努力，行为有了很大的提高，并有了实质性的成绩，你可以对他进行适当的物质奖励。如全家一起去动物园，或者买给他很早就想要的一本书、一个玩具等。精神奖励则是真诚的赞美，一个甜蜜的拥抱，让孩子体会到父母以他为骄傲，为他感到自豪。

当你要孩子做一件事情的时候，他可能会说"等会再做"，可是过了很久，他丝毫没有自己动手的意思。这时，父母出于疼爱孩子的心理，就干脆替孩子做了。这样的纵容会使孩子养成懒散和没有时间观念的坏习惯。正确的方法是问孩子"等会"是需要多久，让他明确说出一个时间，然后告诉他："说到就要做到"。而不要说"等会就等会吧"这样太过宽容或者"给我马上去！"这样强制的话。

当你希望孩子自觉遵守一些规则和制度时，不要只是口头上说，而应该以身作则，通过实际行动鼓励孩子遵守规则。你可以说："来，像妈妈这样做。"带领着孩子进行自我控制，该做什么就做什么，不该做的决不伸手，一个有自律态度的孩子，往往懂得自己在做什么，抖腿、东看西看、不按时完成作业等问题，都会得到很大的改善。

3. 教孩子控制情绪，自己首先要有平稳的情绪

一位朋友说：每次她在做饭前，都会先询问孩子想吃什么，并且给孩子几个备选项。

一天，她这样问鑫萍："想吃茄子还是菜花？"朋友解释道，这样问，而不是宽泛地问："你今天想吃什么？"既是给孩子适度的选择机会，为孩子挑食尽量减少借口，也达到了尊重孩子的效果。并且，宽泛的问题会使孩子提出不合理的要求，若家长不能满足的，则极有可能引发一场斗争。而且绝大多数家长肯定会冒出一股无名火上来，对孩子的批评数落。

鑫萍说："想吃菜花。"于是朋友就做了菜花。可是做好之后，鑫萍尝了一口，就不吃了说想吃茄子。

这时，朋友心平气和地说："现在我也没有办法把菜花变成茄子了，

如果你现在不想吃，先玩去吧，等到晚餐再说。"若在这时指责孩子，表示出家长对孩子"出尔反尔""给自己带来麻烦"的愤怒。不但不能使得孩子意识到自己的问题在哪里，反而会引发孩子对父母的怨恨或者畏惧。而朋友的回答高明在于，平静地接纳了孩子的"反复"，既尊重了孩子的决定，也坚守了自己的底线。

很快，鑫萍玩饿了，跑过来找朋友说："妈妈，我饿了。"

朋友安慰道："午饭时间已经过了，我相信你能坚持到晚饭。"

一般孩子喊"饿"的时候，家长会有两种回应，一种是忙不迭地给孩子准备吃的，放弃自己前面的坚持；一种是对孩子冷嘲热讽："不是你自己决定不吃的吗？这么快就饿了？"前者会毁掉规矩，后者则直接诋毁了孩子和他做决定的权利。朋友的做法很好，保持平和的心态，自然地让孩子体会到自己选择的自然结果。

最后，鑫萍没有办法耍赖只能乖乖地挨饿到晚饭时间。

生活中，我们总是在抱怨孩子不听话惹得我们心烦，因而有些家长总是会对孩子发脾气、甚至给他严厉的惩罚。其实，想让孩子乖乖听话，作为家长我们首先要控制好我们的情绪。换个方式思考问题，调整我们的语调、表情，在生活中增添一分宁静，你会发现你和孩子相处得更好，像我这位朋友对待孩子的态度正是如此。

有时候我们难免对屡教不改的孩子大动肝火，有时候孩子吵闹不已我们忍不住给他一点颜色瞧瞧。杨澜在谈子女教育时说过，不要做情绪化的妈妈。或许成人的世界有众多不愉快的事情，但你的孩子是无辜的，孩子不是你的"出气筒"，不要把你生活的不满发泄在孩子的身上。

当家长在孩子面前情绪波动时，该如何处理呢？

孩子犯错后还屡教不改，让家长一次又一次地为他收拾烂摊子，确实是让家长劳心又费神。有时会使得家长发怒，他们在生气的时候都会语速加快，音调上扬，孩子在与你的对话中已经能够感受到家长愤怒的情绪。情绪是很容易传染的，家长焦躁的同时会带动孩子的不安与反叛，使得孩子无法静心听家长的话。所以家长在生气时，不妨先冷静一下，在心里默数 "1，2，3……" 让自己平静下来。把激动的语速放慢一些，声调平和一些，给孩子一个平和而开放的姿态，而不只是 "下指令"。

如果生活和工作的压力让一些家长感到疲倦和沮丧，你不妨面对镜子微笑，或者做一些轻松的动作，让你的精神状态好起来。如果在情绪低潮时要面对孩子的种种烦心事，眼看战火就要一触即发，那么就先暂时打住，或者暂时离开谈话的地方，倒杯水、上个厕所什么都可以。你也可以试着转换一下话题，想一些快乐的事情。比如回忆以前愉快的片断等等，使自己暂时忘掉眼前不愉快的话题。停止对不愉快话题的思考，可以暂时避免产生愤怒、处罚孩子等不合理反应。

家长平时可以多做一些放松练习，到了真正感到紧张、焦虑和有压力的时候，这些练习说不定就能派上用场。你可以在感到焦躁不安时，闭上眼睛，调整你的呼吸。你也可以通过一些肢体伸展动作来放轻松紧张的身体。当你感到愤怒时，你可以在心里默唱一首欢快的歌曲。这些方法都能够很好地帮助你转移注意力，从而让心情变得轻松一点。

平日生活压力大，再加上照顾孩子的重担，都总是会让家长们失去"平静"的日子。正是因为我们不得不面对生活，因而我们更需要在繁忙的日子，找到安静独处的时间和空间。给自己留出一段时间，独自安静地做些事，告诉家里人不要打扰自己。你可以阅读，听音乐，或者看电影；你也可以思考你的生活，反思你的工作和教养孩子的方式。你会发现这些独处的时间，其实是让你重拾好心情的休整之旅。

总之，在孩子面前做个能控制自己情绪的好榜样，孩子也会学到这种方法，日积月累，孩子控制情绪的能力就会越来越强，直到能自然而然地控制情绪。针对孩子的行为，着急不能解决问题，要付诸行动去学习正确的方法，让孩子和自己都受益。

4. 孩子哭闹，到底要不要理睬

楼下的王奶奶说，孙女静茹看到玩具总是想买，儿媳要是不答应，静茹就赖在地上哭闹，自己想把玩具买回来哄孩子，也被儿媳劝住："不理她，让她哭。要是让她知道哭就行，以后还不总是用这招。"

看着哭泣的静茹，王奶奶忍不住心疼，可儿媳说的好像也有道理……

"不满意孩子就哭，到底该不该理？"这恐怕不只是王奶奶一个人的困惑。

孩子一哭闹，爷爷奶奶、外公外婆难免"投降"。但现在，很多老人家也知道，这样做好像不对。年轻家长的那一套"不理他就行！"似乎占了上风。

家长不理孩子，一方面是觉得孩子的要求不合理，另一方面是不愿意让孩子觉得哭闹就是解决问题的方法。但是，孩子的要求真不合理吗？

我们大人去商场，都是这个想要，那个也想要，更何况是孩子。家长要"将心比心"，要理解孩子，而不是急着立规矩。在合适的时候，适当对孩子做出一些让步，并没有什么大不了，用不着过度紧张。

曾有研究表明，家长的冷漠，不仅会影响孩子以后的人际交往，还可能影响孩子大脑的发育。

当孩子哭泣的时候，家长可以这样做：

（1）调整自己的情绪情绪

"其实孩子哭的时候，最先需要处理的是家长的情绪。"德国心理学家卡萝拉·舒斯特认为，孩子的哭闹会让父母处于一种特别状态，让许多家长怀疑他们为人父母的能力，所以父母会对孩子的哭泣感到紧张、排斥甚至反感。所以接纳孩子情绪的前提是父母自我调整情绪。

（2）接纳孩子的情绪

孩子哭泣时，不要打断也不要呵斥，你只需留在他们身边，轻拥着孩子，让他们尽情地哭泣，不要急于发表意见，你只需让他们知道，无论发生什么，父母始终关心你的感受。待孩子发泄完就自动会停止哭泣，而不是因家长的呵斥而中断。

一次，几个朋友带着自家的孩子约着一起去秋游。正值兴头，两个孩子同时被绊了一跤，摔在了地上，泡泡水洒了两个孩子一身，两个孩子都哭了。

两位妈妈连忙跑过来。

浩然妈妈连忙把孩子拉起来，"多大点事就哭，那么多阿姨和小朋友看着呢，羞不羞啊你。"

浩然继续哭，浩然妈妈又训到："再哭，妈妈就不喜欢你了。"

这时浩然止住了哭声。

而一旁的嘉嘉妈妈却抱住嘉嘉："这真的是太难过了，泡泡水把宝贝的衣服弄脏了，宝贝一定很伤心，来妈妈抱抱！"

嘉嘉哭着投入妈妈怀抱，于是，嘉嘉妈妈轻拍嘉嘉的肩膀表示安慰。

没多久嘉嘉自己停止了哭泣，很快就忘记了刚才的不快，拉着浩然和其他孩子们一起去采花，而浩然的情绪一直不高，捏着小花不说话。

于是，嘉嘉妈妈问："浩然怎么不去给妈妈戴花呢？"

浩然低着头，好久才说："我怕妈妈不喜欢。"

虽然我们都知道哭闹是解决不了问题的，但许多家长并没有告诉孩子，到底该怎么解决呢。其实，有时候让孩子把他的真实想法说出来是最好的解决方法。家长可以平静地问孩子，你为什么哭，你到底想要什么，我怎样才能让你开心。这样会给孩子一种"咱们商量着办"的感觉。就用嘉嘉妈妈那样的方式去面对孩子的哭泣，能使孩子很快重建自信和勇敢。而不是像浩然妈妈的一味地呵责，从而使得孩子与家长产生了距离。

在遇到这样的情况，家长应具体做到：

（1）启发孩子自己解决问题

找到孩子哭的原因，然后启发孩子自己解决问题，帮助孩子恢复好心情，但如果孩子提出无理要求，坚决说"不"。

如果家长遇到孩子不依不饶，不肯"商量"时，家长可以采用"罚坐"的方法，这方法出自一档国外育儿节目。值得家长注意的是"罚坐"并不是把孩子丢在角落不理。它要求孩子首先要低下身子，一面和孩子眼神交流，一面给出警告，并且要说明罚他的原因。罚坐也有时间限定，时间到了，就要再和孩子"谈话"。如果孩子能够冷静地认错，就要抱抱孩子，给予孩子适当的温暖。

如果当一个孩子因为家长拒绝其要求而哭闹不已时，家长也可选择不制止，而是坐在孩子身边，陪伴他，给他哭的权利。等孩子哭够了，再从理解的角度跟孩子进行对话，孩子的情绪天平就会逐渐达到平衡，这时候，家长则更容易与孩子进行有效沟通，长此以往也可以培养孩子积极向上的心态。

同时，倾听也让孩子感到自己的情绪被接纳，他的情绪温度会自然下降，内心力量则增强，无需父母引导和说教，孩子就能够自行走出当下的心理困境。

但是，有时候孩子会用哭声来"要挟"家长，一般只要哭得够惨、时间够长，家长就会妥协。若想打破这样的惯性动力结构，家长需要做两件事：

一是需要自己内心做出坚决的决定，而后倾听和接纳孩子的感受，可能需要更长时间的倾听和陪伴。

二是我们可以有接纳或不接纳孩子的行为，因为我们本身（金钱，精力，能力等）是有限的，必然有些行为是不能接纳的。

但是孩子的情绪却是自然的流露，只有我们接纳孩子的情绪，没有不恰当的评判，允许孩子产生不满情绪并表达出来，那么对孩子来说，被拒绝这件事，就会慢慢变得不是那么无法接受，同时也相信自己有能力化解负面情绪。

简单地说，成功倾听的前提是家长放空自己，勇敢地迈入未知。如果带着诸多恐惧、预设和期待，可能会导致倾听失败。然而，我们要知道，真正"无我"倾听时，孩子会给我们惊喜。

5. 及时沟通，鼓励孩子倾诉内心的苦闷

佳宇是我的一个学生。由于父母工作忙碌，佳宇从小跟奶奶生活在一起，在奶奶的教养下，佳宇讲道理、不霸道，在外面也从不惹是生非，

　　是个很乖的孩子。

　　可上小学之后，父母把佳宇从奶奶那里接了回来，但他总是被学校里的同学排挤，这让佳宇很是苦闷且愤怒……

　　这时候就需要家长耐心地打开孩子的内心，学会倾听孩子的诉说，让孩子可以倾吐内心的不快，缓解内心的郁气，同时，也让孩子体会到来自家长的关爱和温暖，从而对家长更加尊敬，也使家长能更好地给孩子进行正确的引导。

　　生活中，许多家长虽与孩子朝夕相处，却对他们并不了解。不了解孩子的想法，就很难有效地引导孩子成长为自己所希望的人。家长可以通过培养与孩子共同的爱好来达到沟通与交流的目的，如与孩子下棋、一起听音乐、看球赛、游泳等。

　　家长平时下班要经常与孩子交谈，以培养情趣，共享欢乐。家长首先得亲近孩子，取得他的信任，他才能倾诉自己的想法，这是自然而然的。

　　只有被孩子认为是最亲近的人，孩子自己才愿意毫无顾忌地向他敞开胸怀交谈。孩子毕竟是孩子，他们考虑事情，都是十分单纯、幼稚的，这时家长切不可妄下结论，轻视或嘲笑他，而是应该认真听他的想法，与他一起讨论解决问题的办法。

　　让他自己先说，家长再加以评论与引导，着重对事态的现状，进行一些得失利害的分析，鼓励他自己去面对与战胜困难。

　　孩子说出了心里话，尽管有时很荒唐，家长也不可取笑，更不可妄加指责。

　　家长要允许孩子发表自己的意见，并让孩子意识到自己的意见是受家长重视的。

　　孩子在成长过程中，不可避免地会做错事，说错话，家长应语重心长地耐心开导，让他真正知道自己的错误所在。

家长与孩子谈话时，既要抱平等的、朋友式的态度，又要满怀着父母般的慈爱。要改变孩子，首先要改变自己。

家长如何才能走进孩子的内心世界呢？我们可以由以下的步骤开始：

（1）多和孩子聊天

现代父母最大的特色，就是"忙"。爸爸忙，妈妈忙，能干的职业女性在家里最常挂在嘴边的，就是催孩子，如：赶快洗澡、赶快吃饭、赶快写功课、赶快……

一忙、一急，哪有时间、哪有心情和孩子好好聊天呢？可是，不多和孩子聊聊，又怎么会知道他在想什么、他想做什么？

合格的父母，无论再忙，也会找出时间和孩子聊天，做温馨的亲子对话，多听孩子的想法，也适时说理给孩子听，与孩子适当地沟通与交流。

常和孩子接触、聊天，可以让孩子知道什么是对的、什么是错的。在孩子犯错的那一刹那，心里自然而然就会出现一股约束力量，知道父母曾告诉孩子不可以这样，错事就可以被扼杀在摇篮中。

（2）学习倾听孩子的话语

多数人都习惯说话，不习惯听话，尤其是父母面对孩子时，更是滔滔不绝，要他做个"听话"的孩子。

不听孩子说，怎么知道他在想什么？不听孩子说，又怎么能了解他、管教他？

所以，父母想要有个听话的孩子，必须先要"听"孩子说话，要养成倾听孩子说话的习惯，并不很困难，只要告诉自己"少开尊口"就可以了。当孩子在述说一件事时，父母尽量忍住不要打岔，只需不时地点头、微笑，或以简单的言语鼓励他说下去就可以了。当孩子发现父母有兴趣聆听他的诉说，他一定会有兴趣继续说下去。

从倾听中，父母能够知道孩子在学校和老师、同学的相处情形，孩子的学习情况怎么样，哪个同学有欺负人的习惯，孩子最讨厌哪门功课……

（3）鼓励、说理代替责骂

许多孩子总喜欢把"懒得理你"挂在嘴上，当孩子以这种态度对待父母时，其实他对父母的失望已经有好长一段时间了。因为，长久以来，孩子和父母沟通不良，所以，孩子会采取干脆"免谈"的态度。

为什么沟通不良？也许以前孩子是很喜欢和父母聊天的，可是常常他才刚开口，马上换来一顿骂，久而久之孩子就不想说了。

亲子沟通从谈心、聊天开始，而良好的沟通除了由温和的言语之外，一个微笑、一个拥抱，都是亲子关系的润滑剂。

家长只有掌握良好的沟通技巧，才能与孩子建立起亲密的亲子关系，从而使得孩子能够轻松诉说内心的话语，让家长可以更好地帮助孩子健康、快乐地成长。

6. 教孩子正确发泄不良情绪

每个人都有七情六欲、喜怒哀乐，孩子也同样如此。家长最大误区是不把孩子的情绪当回事，孩子受委屈、心里难过也不是很在意，觉得孩子小，过一会儿就全忘了。实则不然，孩子的小情绪憋在心里对身心健康是很不好的。

我的女儿也会有情绪，也经常发脾气，每一次我都把她抱在怀里，跟她说话，安慰她，给她讲故事，直到她破涕为笑。我不会对女儿的不良情绪置之不理，当她不开心的时候，我就会逗她开心。

做家长的应该尊重孩子的情绪，他们年龄虽然小，但是想法却不少，也有自己的尊严和需求，因此也会任性、愤怒、哀伤，我们必须接受孩子按照自己意愿去表达情绪的权利，我们要做的就是对这些不良情绪进行疏解。

有的孩子生气时喜欢摔东西，他的几乎所有玩具都是缺胳膊少腿的，这些都是被他摔成这样的，家里的小型电器也被他摔了个遍，家长打他，但是没用，下次遇到不顺心的事还是摔东西。这就是因为家长没能正确疏导孩子的不良情绪，孩子养成了摔东西的坏习惯。在这个时候堵不如疏，家长用严厉的方法告诫他不能摔东西是没有用的。

这种情况下，家长要对孩子保持高度耐心，有时候尽管不知道孩子为什么发脾气或心情不好，但他们需要理解和安慰，家长跟孩子的及时沟通能够很好地使孩子情绪稳定，让孩子觉得自己不是孤单一人，还有父母作依靠，孩子也就不会使用摔打东西来发泄情绪了。

当孩子有不良的情绪显得很焦躁的时候，家长要多跟孩子交流沟通，了解导致孩子情绪不佳的原因，引导他们说出自己的想法，孩子在倾诉的过程中不但释放了不良情绪，还可以提高语言表达能力。

我们可以用以下方法帮助孩子适度宣泄情绪：

（1）写出来

有的孩子比较腼腆害羞，不愿意在别人面前过多地表露自己的心情，或者还有的孩子在愤怒的时候总是情绪失控地大哭，在这种情况下，我们可以让孩子把想说的话、想做的事写在纸上，这样可以达到宣泄和转化情绪的目的。

美国著名总统林肯曾经使用过这一方法。当时他的陆军部长来找他，表示一位少将用侮辱的话指责了他。林肯建议部长写信回击对方，部长就在办公室里写了一封言词激烈的信，林肯看了说："就要这种效果，写的太棒了。"然后林肯把信扔在炉子里，说："这封信写得好，写的时候你已经解了气，现在感觉好多了吧，那么就请你把它烧掉，再写第二封信吧。"

让孩子把心中的不快写在纸上，也有利于孩子与家长的沟通。

（2）画出来

绘画是更艺术化的表达形式，很多孩子喜欢通过绘画表达自己，在他们不开心时，我们可以递给孩子一张白纸，让他试着把自己的心境用一幅图画呈现出来。我们也可以跟孩子一起画画，画着画着心情就变好了。

（3）动起来

运动是很好的减压方式，孩子情绪低迷的时候，我们可以带他去跑步、爬山、跳绳、打球等。这样，既宣泄了情绪又锻炼了身体，一举两得，何乐而不为呢？即便是没有条件，在小区公园里散散步，心情也会好起来，养成这个习惯，再有消极情绪的时候，孩子自己就会进行调解了。

（4）唱出来

一些孩子有唱歌天赋，用唱歌这种最擅长的方式宣泄情绪也不失为一个好办法，带着孩子去公园或者 KTV 大吼几声或者高唱几曲，让孩子把自己的坏心情喊出来，可以使孩子的情绪得到缓解。

（5）哭出来

如果我们觉察孩子背负着巨大的压力与焦虑，眼睛中涌动着泪水，但又强忍着不让它流出来时，我们不妨出去躲一下，给孩子留一张字条："孩子，想哭就哭吧！爸爸以前也经常用这种方式来缓解压力。"给孩子腾出空间，让孩子尽情地哭出来，因为眼泪也是治疗负面情绪的良药。

笑和哭都是表达自我情绪的方式，在他不开心的时候允许他哭泣，有助于孩子发泄内心的消极情绪。总之，当孩子有负面情绪的时候，我们除了接纳、共情，更要积极地想一些方法来引导孩子正确地宣泄。

7. 正确引导，严防孩子成"电子控"

一位姓刘的女士对自己的儿子很无奈，"儿子才 5 岁，双眼已经 500 度近视了，这么下去可怎么办？""儿子一刻也闲不下，有时家长精力有限不能总陪着他玩耍。有时候累了烦了，就把手机或者平板电脑给孩子，孩子也就不闹了。有时孩子不吃饭了也会用这些电子产品来引诱他吃饭……却不知道电子产品会伤孩子眼睛如此之深呐！"

家长用电子产品哄孩子，的确让孩子安静了，不闹了。但孩子若因此成为"手机控"和"平板电脑控"，那就麻烦了。一项针对 5 岁幼儿的国际性调查显示，有 20% 的孩子使用平板电脑。

孩子眼球发展有其自然规律：0~6 岁是发育期，6~9 岁是视觉塑型期，9~12 岁是稳定期。直到 13 岁眼球赤道部的巩膜胶原才发育完成。也就是说，在 12 岁之前，如果过早开发孩子视力或密集用眼，都容易造成孩子近视，并且因孩子尚处于眼球发育的可调期，度数极易飞涨，导致孩子早早地戴上了"啤酒瓶底"，甚至可能引发视网膜变性或脱离等疾病。

6 岁的雨桐是邻栋楼吴奶奶家的宝贝孙女，吴奶奶为了让雨桐好好吃饭，以使用电子产品边看动画片边吃饭为条件。在这样的喂养方式下，雨桐确实变得白白胖胖，但体检的时候却出现了"微量营养素"摄入不足的情况。

像吴奶奶这样的做法影响的不只是孩子的视力，长时间玩电子产品，孩子大脑不能得到充分的血液循环。时间长了，还会发生头晕眼花，对食物咀嚼不细，从而导致消化器官功能减退。过多地将注意力放在吃饭以外的事情上，很容易导致摄入的食物单一且营养结构不合理，会引起孩子的营养失衡。此外，吃饭时接触电子产品，还会让孩子与家长的沟通减少，容易造成孩子性格孤僻。

如果不能完全隔离，家长就需要学会正确引导孩子合理使用电子产品。

（1）控制时间

很多事情都需要掌握好一个度，而这个度则是通过时间的长短来把握。孩子玩平板电脑，如果能够掌握好时间其实也能够起到一个良好的作用，平板电脑等电子产品声音和影像配合，能够刺激孩子不同的大脑区域，而触屏式操作也可以协调孩子首脑协调和反应能力。

但值得家长注意的是，一定要控制好孩子玩平板电脑的时间，每次玩不能超过半小时，因为色彩明亮的画面会对孩子的视觉刺激有很强烈的反应，过长时间地注视电子产品，会引发宝宝视神经疲劳，甚至诱发近视。尤其是 3 岁左右的孩子，他们的眼睛功能发育最为敏感，应培养孩子正确的用眼习惯，不要让孩子蜷在沙发上或在行驶的车中玩平板电脑，他们的眼睛"伤不起"。

（2）正确引导

在这个高科技时代，若想完全杜绝孩子接触电子产品几乎是不可能的，堵不如疏，只要孩子能够正确使用，尽量减少不良影响的发生。家长可以把平板电脑作为他们学习的载体，如让孩子跟着平板电脑读童谣、看图片、识水果、交通工具等，在新鲜有趣的玩耍中学到知识，开发智力。但家长一定要防止孩子对"游戏诱惑"上瘾，在孩子最初接触电子产品的时候，家长就应该"制定规则"，让孩子形成自然而然的约束感，让这种约束感成为孩子不犯瘾的防御系统了。

（3）变换方式

不管是家长还是孩子，他们很多会因为在家玩平板电脑这种电子产品而不出家门，这就是所谓的"宅男""宅女"。家长一定要防止孩子对各种电子产品过分依赖，毕竟视频教育属于人机交流，孩子在成长发育过程中，还是需要与更多的人群交流。

家长应多和孩子一起参加户外活动，多花时间陪孩子聊天，不要为了哄住孩子不哭闹而让孩子变得不爱搭理人，让孩子回归到小朋友中间去，锻炼与人面对面沟通的能力。用多样化的方式分散电子产品对孩子的吸引力，这样才能较好地保护孩子的想像力和创造力，防止孩子变成"电子控"的"宅宝宝"。

科技产品，对于人们的生活固然有着促进作用，但对孩子来说，他的自控力和分辨力都较为薄弱，所以家长一定要多加引导，多与孩子沟通交流，既要让孩子明白电子产品的积极作用，同时也要让孩子明白其不良的影响，同时还要正确引导孩子，防止孩子成为"电子控"而影响其健康生活。

8. 孩子无理取闹，不可轻易妥协

有些小孩用撒娇及无理取闹的方式让家长妥协。比如有一个孩子发现自己只要用力哭，家长就毫无办法，最终同意给自己买玩具，于是下次遇到类似的事就开始用力哭，家长看着孩子哭得撕心裂肺，只能同意他的要求。

现代家长大都会对孩子要求严格，面对孩子的无理取闹，不会每次都妥协。可是孩子的爷爷奶奶往往特别疼爱孩子，甚至有时候会出现把孩子送到乡下爷爷奶奶家一周，回来后孩子"变了"，任何要求不满足就开始哭闹摔东西。原因就是爷爷奶奶对孩子无条件妥协，总是想着尽可能满足孩子，这种娇惯使得孩子尝到"甜头"，却演变成坏习惯。

美国教育学家海姆·吉诺特曾说过："惩罚不能阻止不良行为，它只能使罪犯在犯罪时变得更加小心，更加巧妙地掩饰罪行，更有技巧而不被察觉。孩子遭受惩罚时，他会暗下决心以后要小心，而不是要诚实和负责。"这就是说，面对孩子的无理取闹，靠打、呵斥是不管用的，越骂他反抗心理越强。

很多家长心里都有一个准则，就是有些规则一定让孩子遵守，有些界限绝对不能让他越过。可是操作起来难度实在太大，孩子把玩具撒了一地，家里马上就要来客人了，你告诉他收拾起来，他却说："我现在太累了，一会儿还要去写作业。"提醒多少遍就是不听，逼急了就哭。可是这个时候如果家长叹口气，给孩子把玩具收拾干净后，就会让他产生一种错觉，即只要自己坚持，家长就会妥协。这种情况一个好的解决方法可以是这样的：

"宝宝，你和妈妈比赛谁先把玩具归纳起来，好不好？"

"不好，我还没玩完。"

"一会儿张阿姨来了，看到你把玩具扔了一地，张阿姨就不高兴了。"

"那怎么办啊？"

"咱俩比赛，你收拾积木，我收拾小汽车，我想我一定比你快。"

"哼，我比你快。"

这样就可以很好地解决孩子任性、不听话的问题。作家长的要有一个信念：孩子每一次无理取闹，都绝不能让他得到好处，尤其是第一次，但是如何拒绝孩子是门学问。太生硬的拒绝，会让孩子觉得父母"冷酷无情"，好言好语相劝孩子也不听，孩子反而更加无理取闹。

所以，面对这种情况，家长首先要跟孩子充分沟通。孩子有时候的哭闹打滚，看上去毫无理由和征兆，其实是有内在原因的。可能是孩子受到了冷落，受到了委屈，并不是每个孩子的无理取闹都是为了要玩具。

这时候，家长要先跟孩子进行深入的沟通，最起码要弄明白孩子哭闹的原因到底是什么。一位家长带孩子去公园玩，孩子想玩荡秋千，但是有小朋友正在玩，需要等一下才可以。孩子就不干了，非得要现在玩，便开始哭闹。家长问孩子到底怎么了，孩子说："你下周就出差了，我想现在再跟你玩一次荡秋千。"这一番话说得家长热泪盈眶。

弄清楚孩子无理取闹的理由后，就可以对症下药，可以提出比赛这种形式，激发孩子的兴趣。家长在拒绝后，一定要给孩子一个合理的理由和补偿措施。孩子在街上看见卖吹泡泡的就想要，可那东西不是很卫生，这时候家长可以拒绝孩子并承诺晚饭给他做一顿最爱吃的糖醋鲤鱼。这样结果就会好很多。

在 10 岁左右这个关键期，正是培养孩子性格的时候。家长对孩子的轻易妥协，助长了孩子任性的性格，他开始觉得仿佛一切都要围着他转。家长会迁就孩子，可是到了学校等其他地方，谁会迁就孩子，孩子的无理取闹不管用，就会变本加厉。

家里有个"小霸王"令人头疼，用正确地方法引导"小霸王"可使孩子健康成长。在与孩子发生对立冲突后，我们不一定要立刻让孩子执行命令，可以给孩子一个多项选择。如："孩子，你必须睡觉了，如果你现在不想睡，那你可以选择听一个故事或者玩十分钟，你选哪一个？"这样，无论孩子选哪一个，都必须接受十分钟后睡觉的事实，而且还能给孩子一种自己做主的感觉。

在合适的时候，可以运用孩子行为后果本身，自然而然地惩罚他的行为。比如，有的孩子不肯自己吃饭，我们可以应用自然后果惩罚法，他不吃过会儿肯定会肚子饿，当他饿了时家长不喂他，他肯定就会自己吃饭；还可以把孩子放在卧室里，让他一个人静静。他就会思考自己的所作所为是否正确，当他走出来跟家长道歉时，给他一个大大的拥抱。

/ 第六章 /

孩子的财商教育，从 3 岁开始

1. 3 岁，教孩子认识钱

在养育孩子的过程中，孩子的智商、情商被越来越多的家长放在同等的天秤上。同时，"财商"一词也正被越来越多的人提及。从小教孩子认识钱的重要性，接受理财教育，早一步形成理财观念，及早打下财富基础。

在女儿很小的时候，我发现她就对 100 元人民币比较感兴趣，并不是觉得好玩，而是有一种特殊的感觉在里面。我一直在想，怎么把"钱"这个东西教给女儿。

这样做并不是要培养孩子什么高大上的"财商"，而是想要把我们每天都要用到的货币，通俗地讲给她听。女儿已经有和我一起逛超市、买东西、结账等经历，但是比较单纯，也比较机械，我觉得女儿对钱比较陌生。

我便觉得需要用一些方法，让女儿开始懂"钱"。

周末的时候，坐卡通摇摇车要投币，投的是一元硬币，女儿就这样认识了一元硬币。

在那之后，有几次女儿好奇地问起钱来的时候，我就会刻意地教她一些纸币的面额辨认。比如 100 元、50 元、20 元、10 元等。女儿好像都不怎么感兴趣，只是比较喜欢玩钱包，妈妈的钱包、爸爸、爷爷的钱包，她总是翻来翻去，把钱拿出来再重新装进去。

关于硬币，女儿倒是比较感兴趣，也许是因为平时她会"花"到。像一角、五角、一元之类的硬币，女儿倒是一遍就记住了，但我发现单纯地让她辨认，这样的做法似乎对她来说还是很枯燥。

孩子的姥姥、姥爷来到我家，我发现女儿特别喜欢跟她姥爷在一起玩耍。她刚好有一个玩具购物车，我们就利用她的小小购物车，做了一个"购物游戏"。

游戏道具：贴上价格标签的水果玩具（一共六种）、两个小盒子（女儿和姥爷一人一个）、一些零钱（放于两个小盒子里）。

游戏规则：两个人互相做买卖，谁最后拥有的钱多就赢了。

游戏结果：虽然，开始孩子很兴奋，但是基本是以失败告终。原因是让女儿明白"五角"是五个"一角"比较难;同理,两个"五角"是"一元"，十个"一角"是"一元"，女儿也难以理解；此外，我发现女儿比较享受买卖的感觉，但是对钱的概念仍处于很淡薄的意识中。

就这样随着游戏的结束，关于女儿对钱的认识就告一个段落了，直到偶然间我看到了犹太人的财商教育。犹太人对子女的理财教育有一套独特的方法，他们从孩子三四岁开始就开设家庭理财课，这也是犹太民族的惯例。他们在孩子 3 岁的时候开始教他们的孩子辨认钱币,认识币值、纸币和硬币。

当犹太人的孩子们刚刚有"数"的概念并初步懂得加减法时，就开始学习理财并将理财贯穿于孩子的整个少年时代。家长教育孩子从小明白金钱与购买之间的关系，他们让孩子从小就拥有属于自己的私房钱。我仿佛被点醒一样，忽然知道该怎么教女儿认识钱了。

顺应孩子成长规律的理财识钱原则：

由易到难。比如，先认识"一角"钱，因为这个最小，是最基本的货币单位。今晚跟女儿试验了一个小游戏，结果比较成功。就是把很多物品，都标价 1（一角钱）；然后我们分别拿着早就分好的钱，各自数好手里的钱，然后从爸爸那里买"东西"。女儿买了一些，我买了一些。最后，一起分享都买了什么，看看最后手里还剩下多少钱。就这样，她对"一角"钱有了概念，这个游戏还持续了一段时间，直到她完全掌握了一角钱。然后，再教给她其他的硬币。

在与女儿的游戏中，尽量每次都有真实纸币的交换，无论买任何东西，每次都强调一遍每种纸币的面额，强化认知；也试着让女儿自己买一次玩具，给柜员钱，然后找零回来的钱，让女儿一一辨认。这个过程要做到不要急，我计划半年之内让女儿熟悉所有面额的硬币、纸币。那时候的想法就是争取在女儿三岁半的时候，让她达到认识各种纸币和硬币的程度。

当时的计划在目前看来是已经实现了，在女儿快到 4 岁的时候，她就已经可以拿着零钱去买东西了。

2. 4 岁，去超市前约定只买一样物品

朋友梁先生最近很苦恼，就孩子的教育问题跟妻子经常吵架。起因是女儿已经 6 岁，购买欲很强，梁先生每次带她上街，女儿都要买很多东西，看见棉花糖必买，看见气球必买，看见漂亮的衣服鞋子也非买不可。

梁先生不同意女儿这样无节制地购买，女儿就又哭又闹，在大街上乱发脾气，妻子每次都心软下来，答应女儿买她想要的东西。

梁先生就认为这样很不好，一来负担太重，买了一堆没用的东西回家。二来最关键是这样下去，会把女儿培养成为"败家女"。但每次夫妻商量此事，总是以吵架结束。

琳琅满目的超市，孩子走进去就像走进天堂，每件东西都想拥有，在超市里两只手都拿得满满的，或者将很多东西抱在怀里。家长若是不同意，就开始满地打滚，用无赖的方式赢得"胜利"。

这种情况女儿也曾有过，我的做法是每一次去超市只让她选一种商品，这是我跟她定下的约定。第一次走进超市，女儿立刻就被吸引住了，完全把约定抛在了脑后，挑选了很多商品，我蹲下来跟她说："女儿，这个超市好大，有好多的东西但我们不可能全部买下来，不是已经和爸爸约定好了吗，只买一样商品回家，女儿你这么乖，一定不会破坏约定的。"女儿听话地只选择了一样商品。

还有一次，女儿在玩具店看中了一个小熊，可是怀里还抱着刚买的芭比娃娃，小眼睛里充满了依依不舍，又用祈求的眼神看着我说："爸爸，我还想要那只小熊，你买给我好不好？"

看着她的眼神我还是忍住答应她的冲动，跟她说，既然有了约定就

要遵守，这一次买了芭比娃娃就不能再买，我告诉女儿："小熊会在橱窗里等你，下次我们再来接它回家。"女儿这才恋恋不舍地跟我回家。

孩子的购买欲很强，但他不知道"钱"这个概念，所谓的"买"就好像随便"拿"一样，所以看见什么要什么，毫无节制。也有的家长为了让孩子开心，到了超市就说："你喜欢什么随便挑。"这种习惯一旦养成，孩子就会养成花钱大手大脚的毛病，意识不到自己花了很多钱。

如果孩子对金钱的概念一直模糊，又怎么能培养孩子的金钱观念以及理财能力。面对孩子的"买买买"，家长强硬地拒绝孩子，会让他很伤心，并在大庭广众下哭闹，所以比较好的办法就是在去超市之前跟孩子约定好，每次只买一样商品，并要求孩子必须遵守。

事先的约定，胜过当场的纠结，外面的世界总是充满诱惑，无论家长带孩子去游乐园还是商场，总有一些诱惑在吸引他们。面对诱惑的时候，不是每个孩子的念头都能被打消，家长也不想每次带着孩子出门都出现孩子满地打滚的场面。

跟孩子约定只买一件物品，是对孩子花钱的一种约束，建立一个"钱不能乱花"的规矩，从每次只买一件物品，到用最少的价钱买到合适的东西。孩子也会慢慢学会取舍，放弃多余的东西。

对于没有得到满足的孩子，家长要给予温柔的安慰，寻求孩子的理解。在这个时候，家长要引入理财观念，比如，"这个玩具太贵了，家里有一辆类似的汽车，不是挺好的吗？"或者告诉孩子，如果买了这件商品，那就要从他的零花钱里扣除，让孩子慢慢去体会金钱与商品之间的关系。

4岁时，家长就可以给孩子钱，让他们自己去购买商品，最开始时孩子可能不知道省钱，但是通过一步一步地引导，孩子慢慢地就会思考：这些钱能买多少东西？这东西到底是不是我想要的，买回来有没有用，两种商品都很不错要如何选择……如果孩子选择的东西虽不实用，但价格不贵，家长不妨尝试购买一次。当孩子自己发现浪费的时候，下次选择的时候就会从实用的商品下手了。

家长也可以带孩子到跳蚤市场，去售卖他玩腻的玩具，然后把卖掉的钱给孩子当零花钱。孩子会在跳蚤市场中，看到自己不怎么喜欢的玩具，却在别的小朋友眼里依然可爱，他会更加珍惜自己所拥有的，不再喜新厌旧。

通过跟孩子约定只购买一件物品，能有效地阻止孩子乱要乱买，还能跟孩子形成一种默契，同时也能够在约束中潜移默化地影响孩子的金钱观，不必要的东西就省下钱来，做更多有意义的事。

3. 5 岁，明白钱是劳动得到的报酬

现在生活水平都提高了，给孩子的花销总是足够，导致很多孩子不知道节俭，花起钱来大手大脚。

金钱意识需从小培养，到了 5 岁左右，就应该让孩子明白每一分钱都是来之不易的。尽早让孩子知道金钱是靠劳动得来的，告诉孩子挣每一分钱都不容易，让孩子学着节俭，并有意识地引导孩子认识各种不同的劳动，给孩子讲工作不同，金钱报酬也不一样的道理。

有这样一个故事：

一个美国小孩问他的富爸爸："咱们家有钱吗？"

爸爸回答他："我有钱，你没有。"

而中国小孩问爸爸同样的问题，中国爸爸回答道："咱们家有很多钱，将来都是你的。"

这个故事反映了中美两国教育的差别，尽管并不一定准确，但也说明了要让孩子明白钱财来之不易。

美国孩子有句口号叫得响："要花钱，自己挣。"在美国的许多大中小城市的清晨，总能看见一群六七岁的孩子骑着自行车，穿梭于大街小巷，派送当天的报纸。其实这些孩子完全不是在赚钱补贴家用，而是父母要求孩子必须外出赚钱。

美国著名的洛克菲勒家族非常富有，因此非常看重对孩子的财富教育。约翰·戴·洛克菲勒有6个孩子，他的孩子们会一起饲养兔子，然后卖给科学实验室换取零花钱，每个周末，孩子们从父母那儿得到几十美分的零用钱，至于如何支配完全由6个孩子自己决定，但是他们必须详细地记在个人的账本上，以备父母查询。

约翰·戴·洛克菲勒甚至给每一件家务活都明码标价：逮到走廊上的苍蝇每100只奖10美分；捉住阁楼上的耗子每只5美分，背柴火、劈柴火等也有价钱。

对于让孩子做家务得报酬的方式，家长之间有不同的争论。有人说效果很好，也有人说效果糟糕，为什么有两极化的评价呢？

我邻居张先生有个上小学2年级的儿子小民，张先生列了一张家务活动报酬表给小民，比如，扫地10元，扔垃圾袋5元，洗碗10元，洗自己的袜子和短裤5元。可是小民不愿意，因为小民有一个同学也干家务，报酬比这个高多了，所以小民的积极性不高。

张先生只好提高了报酬，小民勤快地做了两周家务，又不做了，理由是宁可不要零花钱，也不想做家务，小民吃准了父母必定要给他零花钱。张先生也没办法了，也不能每天让小民空着手上学，还是继续给他零花钱。

还有家长跟我说过类似的事，学习了国外的一些教育方法，结果根本不能适用于自己的家庭。其实家长要结合自己孩子的特点融会贯通。张先生完全可以跟小民达成试行一个月的约定，带着小民一起做家务，激发小民做家务的快乐，效果远远要比冷冰冰地用做家务换零花钱要好。

一般情况下，给孩子的劳动报酬，要跟市场上购买这项劳动的报酬接近。比如，请一个洗碗工洗 10 只盘子 10 元钱，如果孩子洗了 10 只盘子，也应该给孩子付相近的价格。通过劳动拿到零花钱的孩子心中是无比开心的，同时孩子也能养成勤俭节约的好习惯。

不同年龄段的孩子，做的家务活也不应该一样，毕竟孩子太小，有的工作不会。比如给垃圾桶套上塑料袋、把脏衣服放在洗衣篮里等简单的事情，4 岁的孩子就可以干了，整理床铺、叠被子、衣服、擦桌子等适合学龄左右的孩子干；扫地、拖地、倒垃圾等适合更大一点的孩子干。

孩子干一些简单的家务活，可以不用给报酬，如果每一件家务活都与金钱挂钩，可能会适得其反。尤其是孩子自己卧室的家务活，要让孩子养成自己的事情自己干的习惯，不应该给报酬。

家长可以鼓励孩子攒下废品，让孩子把废品卖掉作零花钱。帮助家长洗碗、拖地这种家庭公共的家务活，家长可以适当给一些报酬。

当然，不能过分强调家务与报酬之间的关系。孩子通过"出卖"劳动获得报酬，可能导致孩子把亲子关系当成是一种金钱关系。所以，必须要给孩子强调做家务是每个家庭成员的义务，让孩子明白做家务是分内的事。

美国总统奥巴马的两个女儿每周都要做家务，来赚取 1 美元的零花钱，家务包括布置餐桌、清洁碗盘、打扫房间和整理衣柜等。让孩子通过做家务活得到报酬，是一种象征性的教育，目的是让孩子明白钱只有用劳动获得。

这种教育会使得孩子在迈入小学后，面对增长的零花钱而合理处理，因为孩子已经明白天上不会掉馅饼，手里的每一分钱都来之不易，舍不得一下子花光。

通过，这种"你乖乖干活，我给你钱花"的方式，对家长和孩子来说是一种很好的互动方式，家长与孩子一起做家务，体会到一起劳动的快乐，也让孩子体会到钱财的来之不易，达到让孩子有意识地去理财的目的。

4.6岁，学习管理自己的零花钱

在孩子6岁时，一般开始上小学了，势必要揣点零花钱。这时候可以直接锻炼孩子学习管理自己的零花钱。

家长可以从孩子6~7岁开始适当给他一部分零用钱，并让他学着管理自己的零花钱。零用钱管理能够综合锻炼其管理能力、创新能力、储蓄能力和理财能力。

6岁的孩子通常已经有了简单的数学知识，会数数和简单加减，知道积少成多。这时，他们需要知道的是积少成多的概念和控制欲望的好处。这时，给零花钱的方式就显得格外重要，上文讲过通过做家务给零花钱，这只是其中的一个办法。每次给零花钱不要太多，每天给一点，在孩子花钱后，询问他钱花在哪里了，还剩下多少，提高孩子对钱的意识。

在女儿 6 岁的时候，我每天给她一块钱，其实一块钱买不了什么，我也不让她吃便宜、不干净的零食，她有时候剩回来 5 毛钱，我就会让她告诉我花 5 毛干吗了，她就说给小朋友买橡皮了，这让我很欣慰。有时候一分钱也没剩下，可是她自己也不知道干吗了，也会在零花钱上面犯迷糊。好在现在女儿已经能把自己的零花钱处理妥当了，给她一百块也不会乱花，甚至会说："爸爸，我不要这么多。"

买东西会有找零，家长时常顺手把零钱递给孩子。这种给零花钱的方式，容易给孩子造成一种错误的认识：找零的钱就应该是我的。这样得来的钱，孩子不会珍惜。家长可以给孩子买个储钱罐，能存钱才能会花钱。

有位妈妈给女儿买了个存钱罐，一天给 2 元硬币，教她领了零花钱放进去。最开始效果不错，后来发现女儿去一次爷爷奶奶家或是外公外婆家，回来就往罐子里塞 10 元 8 元的，一个月就能存 100 多元，多的时候能有 200 元。妈妈知道后就再也不让爷爷奶奶和外公外婆给零花钱了，因为她知道，零花钱攒得太容易就毫无意义，女儿知道花掉很快又有钱，就不会珍惜。

帮助孩子学会使用零花钱，可以使用以下方法：

（1）攒钱有奖励

用存钱罐积少成多的方式，让孩子让孩子知道先放弃一部分消费，才可能有更多的收益。可以给孩子规定每天给 2 元，如果 3 天内花掉了 1 元，第 4 天还是给 2 元，如果把这 3 天的 6 元攒起来，第 4 天就多给 1 元。如果 7 天的钱都攒起来，第 8 天可以多得 2 元。这样就是在引导孩子主动攒钱。

（2）给孩子消费的机会

光攒钱不花出去也没用，什么都给孩子买好了，让孩子自己管理零花钱就没什么意义。孩子对钱的基本理解只有通过实际的消费才能达成，通过自己参与消费他才能真正明白，买一件玩具只不过是几分钟的事，而攒下买玩具的钱却需要几个月。

孩子想买一支笔，让他从自己的存钱罐里拿，买多少钱的笔让他自己做决定。这样的事情经历得多了，自然就会花钱了。

（3）允许孩子犯错

孩子拿着零花钱可能会买垃圾食品，放纵自己买玩具。偶尔的犯错并不是坏事，这是孩子在学会管理零花钱上必须付出的代价。即便是大人也会冲动消费，请相信，孩子也会在事后意识到自己做得不聪明，家长要做的就是多跟他沟通，告诉他错在哪里。

（4）有一定的消费自由

孩子学会了自觉攒钱，家长可以给他一定的消费自由，零花钱也可以增加一些。比如，3年级之前规定买40元以下的东西可以自己决定，超过40元要跟父母商量。到了6年级，可以把标准提高到80元或者以上。

（5）鼓励孩子帮助别人

除了消费，还应该让孩子明白，钱除了能让自己满足，也能让别人获得快乐。和比他年纪小的孩子在一起时，鼓励孩子把用自己零花钱买来的东西和对方分享。在遇到慈善捐助或别人需要帮助的时候，赞赏孩子用零花钱帮助别人的想法，鼓励并引导他们付诸行动。

要注意的是，家长不要用减扣零花钱来威胁孩子，可以让孩子自己付钱感受买小零食小玩具的过程；也可以鼓励孩子给爷爷奶奶买小礼物，让他感受自己用零花钱给家人带来的快乐。

5.7 岁，合理消费，不乱花钱

很多父母觉得孩子太小不应该接触钱，却在不知不觉中错过了培养孩子金钱观的最佳时期。就像放在厨房里的水果刀，如果大人不主动教孩子使用，孩子有一天还是会因好奇拿起这把水果刀，后果可能会不堪设想。

4 年级小嘉要过生日了，他想举办一个生日聚会，让要好的朋友和同学去饭店聚餐，妈妈同意了。小嘉又提出要买一款最新的智能手机当生日礼物。妈妈查了一下，这手机好几千块钱，拒绝了小嘉。小嘉却表示要妈妈把压岁钱还他，他自己去买手机，生日宴也必须照常进行。

小嘉妈妈犯了愁，同意这些要求吧，觉得太铺张浪费，不同意吧，又怕委屈了孩子。小嘉就是典型的花钱没概念，并不知道几千块钱的份量，只当是几块钱的零花钱，所以提出这种过分的要求。

据一项调查显示，现在 90% 以上的孩子都存在乱花钱、高消费、理财能力差的问题。特别是到一些节日，孩子们互相购买礼物、同学聚会等，都会让孩子的消费超支很多。初中生小叶跟妈妈提出，好朋友菁菁要过生日，她想送菁菁一部平板电脑做生日礼物。小叶妈妈倒吸一口凉气，初中同学就要送这么贵重的礼物，坚决不能同意。小叶却一副为难的样子"菁菁送我的生日礼物很贵重，我回赠礼物也不能差啊"。

孩子花钱没概念，买东西不看价格，家长是有很大责任的。有些家长宠爱孩子，给孩子很多零花钱，花完了再要也不过问，要多少给多少，结果导致孩子觉得钱越来越不够花，购买的东西也越来越贵。孩子也养成了有钱就花，没钱就要的习惯。

某些孩子到了初中，离家很远，每次往家里打电话第一件事就是要钱，家长总要纳闷钱怎么又花没了。其实就是孩子不会花钱，不懂花钱，并不是孩子过分奢侈。

教孩子合理消费第一步，就是让孩子去消费。孩子 7 岁左右时，家长就可以引导孩子自己拿着钱买东西了，当然买东西不是目的，而是锻炼孩子的手段。教孩子合理消费有以下几种方法：

（1）让孩子远离金钱优越感

西方国家的父母在这一点上做得比较好，在孩子很小的时候就只给孩子很少的零花钱，并鼓励孩子去打工赚钱，大部分美国人都有年幼时给人送报纸、给邻居剪草坪的经历，赚到几美分都开心得不得了，即使是百万富翁的孩子也要接受这样的教育。

这样就可以让孩子明白金钱的获得不是轻而易举的，他们会在花出每一分钱时考虑这一分钱花得是否得当。让孩子拥有一种天生的金钱优越感对孩子的成长而言百害而无一利，这就是所谓的"再富不能富孩子"。

（2）让孩子知道钱是怎么来的

曾经有小孩说自家的钱是天上掉下来的，因为他每天的零花钱都很多，仿佛怎么用都用不完。富裕之家往往不希望自家孩子再受物质贫乏的苦，可是没经历过艰苦生活的孩子很难体会到赚钱的艰辛，以及今日生活的来之不易。

所以，家长可以带孩子去自己的工作场所走一走，看一看，干一干，给孩子讲自己的创业史，使孩子逐渐明白有钱不是理所当然，而是需要艰苦奋斗，让孩子知道家长每天上班赚钱养家是很辛苦的。这样，孩子就会对金钱采取珍惜的态度了。

（3）避免虚荣攀比

孩子与同学、朋友之间的虚荣攀比是最伤财的了，今天他买一个书包，孩子看见了就要，明天他买一辆新自行车，孩子也要，如此循环下来，钱越花越多。所以，家长要在孩子 7 岁之前，给孩子灌输正确的购物观念，不要让孩子年纪轻轻就开始只认"名牌"。当孩子自己有勤俭节约的观念时，自然就不会胡乱花钱。

（4）教给孩子正确的花钱方法

家长可以每周给孩子的零花钱定下一个数目，这个数目应该和班级里其他同学保持在同一个水平线上，不多也不少。帮助孩子制定一个购买计划，如学习用品，体育用品等，让孩子学会按需要、步骤攒钱买东西。购物消费时让孩子自己掏钱支付这些费用；绝对不能为他支付一些不必要的开支或替他弥补乱花钱造成的"财政赤字"，否则你永远无法让孩子学会有计划地开支。

（5）让孩子试管家庭财务，参与家庭事务

调查显示，现在很多中小学生对于家庭情况、父母的经济收入都丝毫不了解，多数孩子只关心自己。其实孩子既然作为家庭中的一员，就要让孩子分担家庭的事务。作为家长，应定时定期与自己的孩子交流，让他了解家里各种各样的开支，让他参与解决家庭财务问题，尤其当孩子有一定财商能力后，可以让孩子参与到更多的事务中。

让孩子从小就对柴米油盐的开支有一定的了解，孩子就会明白家庭的经济状况，开始建立起自己的责任感。

6.8 岁，利用零花钱，学习理财

　　现在有的孩子只认红彤彤的 100 元，对 1 毛、5 毛根本毫不在意，这样的金钱观又怎么能懂得理财呢？家长在对孩子进行理财教育时，最好的方法就是利用孩子手里的零花钱，帮助他建立"财商"。

　　每个家庭不同，给零花钱的方式、数量也不同。有的家长是孩子来要就给，有的是一天给一次，有的则是一周给一次。家长都同意从小让孩子管理自己的零花钱，可是不知道如何下手，有时候给孩子 20 元钱，让他自己处理，结果，孩子一下午就花光了。

　　家长给孩子零花钱的额度，应该根据孩子实际的物质需要确定。如果手里的零花钱孩子什么也买不起，那零花钱就失去了意义，最起码应该够孩子满足一个最低消费愿望。对于中高年级的孩子，由于集体活动的机会增加，可以适当增加一些。

　　零花钱到了孩子手里，怎么花是他自己的事，不过家长要给予监督，防止孩子乱花钱。有一位家长每个月给孩子 30 元钱，然后给孩子一个记账本，每天用了多少钱，就在记账本上划去几元，如果一个月没有用完 20 元，剩余部分可转存到下个月。除了支出，孩子也有收入，比如帮爸爸擦车，帮妈妈买菜，有了收入也要记在本子上，不过这种活儿并不多，一个月也就一次。

　　起初，孩子很不适应，钱很快就花光了，又找爸爸要。爸爸跟他讲，如果真的需要钱可以给你，不过要从下个月的 30 元里面扣。孩子一听就泄了气，从那以后再也不乱花钱了，而且把每一笔账都记得清清楚楚。

　　教育孩子记账可以很好地清楚孩子的零花钱都花在了什么地方，孩子自己也能对自己的钱有一个直观的梳理，有利于培养孩子的理财观念。

除了记账，家长可以给孩子列一个购物清单，在清单上面写上去超市买菜的花销，让孩子自己去买。如蔬菜、水果、小金额生活用品等，总金额控制在 100 元以内。带孩子去菜市场或超市时，引导他们货比三家，不能盲目地"只挑贵的"，而是应该根据总预算，自己计划和调配，避免养成花钱大手大脚的习惯。

家长要引导孩子了解日常生活的主要花销有哪些。其中首先要让孩子们了解自身的花销，比如，买文化用品、书籍、玩具、服装、日用品等等，高年级阶段的孩子还应了解家庭的日常开支，如水电费、电话费、物业费等，家长可以引导孩子了解这些花销的重要性等级，即哪些花销最重要。

关于给孩子零花钱的时间上，一般来说是从上小学开始，一位美国教育专家认为关于什么时候开始给孩子零花钱，并没有所谓最适合的时间。她说："当孩子开始理解钱能买他想要的东西的时候，就是你开始给他零花钱的最佳时机。"

所以，如果你的孩子现在对钱还满不在乎，给他钱后，他还没放进储蓄罐就弄丢了，那就先别着急给他零花钱。等到他愿意存钱或开始考虑该怎么花钱的时候，再给他零花钱吧。

有了零花钱，安全教育也不能少，学校周边总有一些小商品店，专卖"三无"玩具、食品，比如散发着香气颜色艳丽的玩具，"把舌头染成蓝色"的糖等等。在这一点上，家长要特别强调孩子不能用零花钱去购买这些东西，最好连这样的商店也不要进，教导孩子去连锁超市买东西更加安全可靠。

家长在尊重孩子自主花零花钱的基础上，可以适当给孩子提一些建议，如果家长管得过严，孩子买什么东西都要听家长的，就失去了利用零花钱来培养其消费和理财本能的意义。孩子在使用零花钱上，犯一些小错误，是再正常不过的了。孩子买回来无用的东西，家长不可以急躁，要趁机给孩子讲述理财的道理。

在孩子 8 岁左右，孩子开始使用自己的零花钱，常常跟 1 元、5 元钱"打交道"，通过练习，孩子开始懂得如何正确地消费，开始小心翼翼地把几毛钱攒起来，不乱花钱，孩子的"财商"就基本培养出来了。

7. 10 岁，协助孩子设定明确的存钱目标

10 岁的时候，如果孩子养成了良好的存钱习惯，这就为节约勤俭的品性打下了良好的基础。现在每年过年众亲戚都会给孩子压岁钱，往往数额还不小，几千块压岁钱全没收在家长手里，孩子心有不甘，都给孩子也容易出问题。

孩子总会想买这买那，这时我们就可以告诉孩子"如果你想买，那么就自己存钱，只要是你存下来的钱买什么都允许"。当孩子提出要买一件喜欢的东西时，就告诉他"你不是存了一些钱吗，还差一点点，你再存两周就够了，用自己的钱买好吗？"

所以在这一阶段，不妨开始加大力度地协助孩子开始存钱，不是 1 元、5 元地往存钱罐里放钱，而是给孩子在银行开一个帐户，开始存钱计划。

家长应该给孩子设定一个存钱的目标，提高孩子存钱的积极性。比如孩子喜欢一个比较贵的东西，家长可以告诉孩子，只要你自己存钱达

到多少了，我们就给你买，等到孩子存的钱到了一定数量后，家长再添一些钱给孩子买。这样就会让孩子觉得存钱是有利且有意义的。

先从小钱开始存，教孩子把平时剩下的零花钱都存在存钱罐里，培养孩子的存钱意识。待孩子到了 10 岁左右，可以带着孩子到银行开户，让他看到存钱的过程，甚至可以让孩子参与进来。因为孩子逢年过节总会得到亲戚给的压岁钱，这笔钱加起来不是小数目，如果父母没有要求孩子存钱的话，那么孩子很有可能会拿去买一些不需要的东西，这样就容易让孩子养成乱花钱的坏毛病。

我就曾带着女儿到银行，先给她详细讲了存钱的步骤，让她阅读存钱流程，然后站在一旁，让女儿在工作人员的指导下进行存钱。工作人员也很耐心，给女儿反复地讲解。当存款凭条从柜里递出来需要她签字时，她有点手足无措，到处张望，好像希望我帮她一下。我连忙走过去，告诉她签字的位置在哪里。然后，她一笔一画地写下了自己的名字，又将凭条递进柜台里。

孩子可能在存钱的过程中会出现放弃的现象，认为要存很久难以达到目标。我们要给予孩子鼓励，用语言安慰孩子，跟他一起存钱。制定一个详细的计划，如一周存多少，一个月存到多少，两个月达到多少，并在取得每一个阶段的成功后，就对孩子进行赞扬，激励他保持下去。

现在还流行用孩子的压岁钱买理财产品，如股票、基金、儿童保险等等，在动用压岁钱的时候一定要跟孩子充分沟通，千万不能生硬地收走压岁钱。让孩子明白这笔投资是给他买的，当孩子大一点后，完全可以把这笔投资交给孩子自己去打理。

也可以在孩子需要购买大件学习用品时，让孩子自行决定使用存的钱。当他看到平时辛辛苦苦省吃俭用攒下的钱一下子就花出去后，就会明白理财的意义了。

（1）训练孩子有计划地使用钱

这个计划最好是在给钱的时候制定，家长只提出原则，具体内容则由孩子全权负责，家长不直接干预，但要监督、检查。

（2）给孩子的钱不宜过多

压岁钱太多超出孩子平时零用的数额，家长应建议孩子把钱存入银行，或在购买必需的大件物品时使用，并依据孩子的年龄及其消费预算留下一部分当零花钱。要通过详细解释取得孩子的理解，带着孩子一起把压岁钱存到银行。

（3）可带孩子购物，示范理智消费

家长到超市购物的时候，或者给孩子买东西时，可带孩子一起去，通过货比三家，教会孩子买到物美价廉的东西，让他在自己支配零花钱时更加节俭。

（4）可进行模拟成人生活开支的训练

让年龄稍大的孩子为自己买日用品，如为家里买菜、交电话费等。家长还可以翻开账簿，告诉他家中的钱是怎么花的，孩子通过这样一笔一笔的消费，能够逐步地掌握花钱的规律和方法。

孩子懂得赚钱不易，花钱要省之后，就会主动把钱存起来，最开始存在储蓄罐里，长大一点开始往银行里存钱，让孩子把自己的钱存入银行，能让他们找到一种"小大人"的自豪感，他们自己支配账户里的钱，自己小心翼翼地保管自己的银行卡，存钱目标成功后产生的成就感能够激励孩子更加懂得理财的意义和作用。

/ 第七章 /

孩子惊人的语言天赋，不容浪费

1. 会表达，孩子更易成功

表达能力是孩子的一项重要技能。有些家长羡慕别人家的孩子有出众的语言天赋，说话招人喜欢，其实这种语言天赋是完全可以培养出来的，家长可在孩子 12 岁之前，抓住孩子语言成长的关键期，对孩子进行训练。

一次在办公室里，同事讲了一个故事。

田飞是个活泼可爱的小男孩，但是让妈妈头疼的是他说话有点不懂礼貌。田飞在家里习惯了跟父母直来直去地说话，饿了就会大叫"我饿了，我要吃面包"，妈妈一时忙不过来，他就会继续催促："快点啊，把面包拿来！"

田飞到了学校后，依然用这种语气说话，很多时候对老师造成了不尊重，老师给田飞的妈妈打了好几次电话沟通，田飞的妈妈表示努力纠正过，可是田飞却依然我行我素。老师教给田飞妈妈一个办法。

这一天，田飞又冲着妈妈大喊："我饿了，把冰箱里的面包和酸奶拿来。"妈妈听见了，但是没有动作。田飞又叫了几声，见妈妈不理他，就说："妈妈你没听见我喊你吗？我要吃面包。"

妈妈说："你只喊要吃面包，可是我不知道你在叫谁，你又没有叫'妈妈'。"

田飞改口说道："妈妈，我要吃面包。"

妈妈说："你说的还是不对，我听得不舒服。"

田飞疑惑地说："怎么又不对了？"

妈妈说："你应该说：'妈妈，我想吃面包，请您帮我拿，好吗？'"

田飞乖乖地重复了一遍这句话后，妈妈才去给他拿面包，田飞还说了谢谢。从这以后，田飞明白了，自己过去对他人的语言是很不尊重，以后再跟他人说话，就懂得说"谢谢""请""您"这样的敬语了。

孩子说话没礼貌，对大人不会用敬语；

不敢登台说话，人多时说话结结巴巴；

描述东西找不到关键词，一句话反反复复地说；

……

这些都是孩子不会表达造成的。可能有些家长觉得小孩子不怎么会说话没什么，长大了就会说了。可是在孩子交际量很小的情况下，不能用语言搞定人际关系，长大了又能如何蜕变呢？忽略了语言成长期的教育，孩子的表达能力很弱，这对于孩子在学校里的人际交往、学习成绩都有很大的影响。

比如班级里评选班长、学习委员，人缘好、能力强、会说话的孩子往往能被评选上，如果你的孩子总是沉默寡言，不会表达自己的才能，连朋友都很少，在这方面就落了下风。孩子讲文明懂礼貌，对大人恭敬有礼，这是一个好孩子的基本素质。

常见到聚会中，有家长带着孩子过来，家长给孩子介绍各位叔叔阿姨，孩子却躲在妈妈身后不敢露头，连一句"阿姨好"也很难说出来。家长很难看，孩子也很为难，其他大人也只好打哈哈。

孩子这种表达能力的缺失，会在他成长过程中慢慢发酵。待孩子长大后，家长会发现孩子依旧是沉默寡言，对人说话也不懂礼貌，见了长辈也不打招呼，这时候其他人可能就会在心里嘀咕"这孩子真不懂礼貌"。

一个会表达的孩子，总可以清楚地表达出自己的意图，也能够把话说得明白、动听，使别人很乐意地接受。这样有利于别人了解他，有利于他们建立良好的友谊。不会表达的孩子，经常错误地表达自己的意思，不仅使人听的时候觉得费神，而且不能信服地接受。

有些表达能力不强的孩子说话总是"半句话"较多，说话快，不必要的关联词多。家长应耐心帮助和鼓励孩子，帮助孩子纠正语病，然后让孩子重新说，直到孩子能正确表达为止。

每个父母都希望自己的孩子口齿伶俐，这不仅关系到孩子的表达能力，而且孩子长大后，出众的口才对孩子的交往和工作都有帮助。然而，孩子的表达能力不是天生的，是需要锻炼和培养的，而且应该从小培养。

在3~12岁，孩子语言成长的关键期，家长平时要以身作则，引导孩子积极地说话，见到陌生人也能甜甜地打招呼，与人问答也能流畅应对。当然，训练孩子的表达能力需要一个过程。当孩子坚持不下去的时候，家长要鼓励孩子，给他打气，对孩子的努力要有具体的表扬，例如，"我很喜欢你描述的人物，很生动，你能不能再多讲一点？"

家长若想让孩子一开口就招人喜欢，必须让孩子有良好的表达能力，这种表达能力在年幼时让孩子讨喜，长大后又能使孩子终身受益，谁不想自己的孩子一开口，就把话说到对方的心坎里，总能给别人留下好印象呢？

2. 坚持每天读故事给孩子听

女儿开口说话比较晚，2 岁的时候，还只能说单字和一些简单的词语，说一个完整的句子对她来说是件很吃力的事情。

那个时候，我很是着急和担心，也查阅了很多资料和方法。猛然间，我发现坚持每天给孩子读故事是一个很好的方法，于是，我便开始尝试保证每天有一个小时的时间给她讲书中的故事，这个习惯一直到现在都还在我和女儿之间继续着。

现在的女儿，不仅口齿伶俐、言语清晰，教她的老师还时常夸她思维清晰、有条理，对待问题也有她自己独特的见解。

美国国家阅读委员会把"为孩子读故事"描述为"孩子小学毕业之前都应保持的一种习惯"，而这样的好习惯，需要家长和孩子一起培养。孩子 12 岁前，通常听力比阅读能力强，这个时候孩子虽然已经能识字看书了，但是还是很难看懂故事书，而如果家长能将这些复杂的故事读给孩子听，孩子就很容易能听懂、理解这些有趣的故事情节。

美国 Scholastic 出版社最近的一项调查显示，在培养孩子的阅读兴趣这一点上，不应该是一个人。这项研究调查了"家庭阅读的态度和情况"。

在接受调查的 6~17 岁孩子的家长中，有 71% 的家长把"出色的阅读技能"列为"孩子应该掌握的最重要的技能"，而高达 86% 的家长认为"把读书当成一个喜好是非常重要的。"

家长应该怎样给孩子读故事呢？

家长要让孩子挑选自己喜欢的故事书，这样他们才有兴趣耐心地听着家长为他们朗读。有些孩子很喜欢一个故事，总会缠着家长重复地给他们读，这时候家长们要尊重他的意愿。给孩子重复读故事时也可以故意读错一小部分情节，看孩子能不能及时发现，这样可以慢慢地锻炼他的记忆能力。

让孩子自己挑故事书，既能让他们听到自己喜欢的、想听的故事，还可以增强他们的自主意识，让他们从小就学会如何为自己做选择。

家长可以跟孩子约定好，定期读故事给他们听，比如每天晚上睡觉之前，给他读一个小故事，让他在家长轻柔的话语中安然入睡。

在给孩子读故事之前，要提前熟悉故事情节，知道哪里的情节比较紧张，可以加快语速给孩子营造气氛，故事中有几个人物，可以尝试着用不同音色来模仿他们的对话等等，这样能让孩子更容易理解故事情节，喜欢上家长给他们读故事。所以家长们在读故事前应该自己了解故事脉络、角色特征、语言风格等，以便更好地给孩子读故事。

家长要充满热情、快乐地给孩子讲故事，让他们觉得阅读是一件很有趣的事，这样才会达到孩子模仿家长快乐地阅读。而且，在讲故事的时候，要尽量把故事讲得有声有色，并适当地运用"声音表情"，比如，有坏人来的时候，可以提高音调营造出恐慌的氛围；主人公生气了，可以模仿出生气的腔调等等，还可以搭配一些手势、动作，让故事更加生动形象化，以此刺激孩子保持注意力。

在听故事的过程中，孩子被家长的情绪所感染，相对于单调的逻辑词语记忆、形象记忆和运动记忆而言，这种情绪记忆对孩子来说更有作用，能更好地激发孩子的阅读兴趣。

童话故事书都有很多漂亮的图画，而这些图画是为了让孩子更好地理解故事内容而设计的，所以在读故事的时候，家长也可利用图画来吸引孩子。比如，家长读的故事里出现了一只大灰狼，那么家长可以用手指点出书里大灰狼的样子，对孩子说："这只大灰狼，张开大嘴，长着尖尖的牙齿，睁着大眼睛跑过来想要吃掉小羊……"这样孩子在听家长描述的时候，能看到形象鲜明的图画，更容易形成画面感。

认真观察图画不仅能够让孩子通过图和文的互补和互动，更好地理解故事内容，而且能够培养他的观察力、想象力，以及对图画符号的领悟能力。

故事书里一般都是比较严谨的书面语言，孩子独立理解需要一定的时间，这个过程就需要家长给他们读故事，来帮助他们提高阅读理解能力。

所以在给孩子读故事的时候，家长可以有意识地用大白话来解释故事内容，比如，读到"一群小矮人狼吞虎咽地吃着白雪公主丰盛的晚餐"，这时候家长就要给孩子解释"狼吞虎咽，就是大口大口地吃而且吃得很香的意思"，在平时，有意地提到这些读过的书面词汇，帮助孩子理解和记忆书面语。朗读后家长还可以和孩子一起归纳和总结故事的大致内容，对孩子积累阅读经验很有好处。

孩子读书的时候，家长要注意读书的顺序，要从头到尾、善始善终。家长可以跟孩子一起，从封面读起，慢慢地读出作者、书名、出版社。故事读完，让他看封底，因为许多书封底上也有内容。时间久了，孩子自己也会掌握阅读顺序，以后自己读书的时候，也会养成这样的习惯，也有利于形成孩子做事善始善终。

家长多给孩子读故事，不仅能增进亲子之间的情感交流，孩子也会越来越喜欢跟家长待在一起，跟家长聊天。而且在听故事的时候，很多词汇可以通过听力传输到孩子的大脑里记忆下来，进而增强阅读能力。所以，家长们，赶快给孩子们读书去吧。

3. 丰富孩子词汇的方法

孩童时期，有两个词汇量高速发展期：一个在 3 岁，一个在 6 岁，也就是说幼儿时期是词汇发展最迅速的时期。一般说，在正确教育下，3 岁幼儿可掌握 800~1000 个词，6 岁幼儿可掌握 3000~4000 个词。

词汇的多少，直接影响语言表达的质量。可以说，词汇量是孩子黄金成长十年间智力发展的标志之一，同时也是幼儿语言发展的基础，因此，丰富词汇对孩子的发展有着十分重要的意义。

究竟如何丰富幼儿的词汇呢？

孩子学习新词一般通过两个途径：一个是在日常生活中通过与成人或同伴的交往自然获得的，这类词大部分是比较明显的，是经常活跃在人们口头上的词；另一个途径是成人有意识教给孩子的词，这类词大部分是孩子难于在自然状态学会的生词。

家长可以把汉字巧妙地运用到日常生活环境中去，让孩子时刻感到汉字就是周围环境的一部分。比如，给孩子穿衣时，引导孩子说出衣服和衣服各部分的名称；在吃饭时，让孩子说出各种餐具、食物的名称；散步时，主动向孩子介绍所见到的各种自然现象和社会事物，丰富相应的新词。家长也可以把各个活动室以及各种物品或设施上都贴上相匹配的汉字标签，使孩子仿佛置身于汉字的世界，耳濡目染，在自觉与不自觉中认识很多汉字，从而也为丰富词汇打下良好的基础。

游戏是孩子最喜欢的活动，如果在枯燥的语言知识中能加入游戏，就能有效地激发孩子参与活动的热情。因此，我们可以运用一些词语游戏来丰富孩子的词汇。如词语开花游戏，家长说一个字，孩子说出有关这个字的一系列词语。比如，家长说一个"风"，孩子就要说出"大风""春风""凉风""狂风"等；还有连词游戏，即家长说一个词，孩子要根据这个词的最后一个字接出另外一个词，比如，月亮—亮光—光明—明天—天文—文化等。这些游戏不仅丰富了孩子的词语，而且提高了孩子的组词能力和发散思维能力。

学了就要用，不用就等于没学，语言尤其如此。因此，我们还必须做到让孩子多看、多听、多说、多练。

多看即平时家长要多带孩子去户外活动，亲近大自然，开阔他的视野，增长他的知识和经验，最好是给他直观的感受，创造各种条件让孩子学会观察，引发其自主学习的兴趣。

多听即孩子要多听别人讲故事；邀请孩子谈话，互相倾听并交谈；带领孩子听多种声音：乐器的声音、动物的声音……让孩子听后模仿，想象，并讲出他们听到的声音好像在说什么。让孩子多听，是为了发展倾听和区别周围声响的能力，发展孩子的听觉器官，加强对语言的声音结构分析。

多说即培养孩子口语表达的能力，将所学会的词语正确地运用在日常表达中才算真正地掌握了该词语。在日常生活中，我们一方面应利用与孩子接触的一切时机，进行交谈，在交谈中建立感情，使他们无拘无束，有话愿意讲出来；另一方面应当鼓励孩子自己通过描述事物或讲故事等方式培养并提高自己的表达能力。

多练即让孩子重复地练习，逐渐地掌握，我们要多为孩子提供练习的机会，让孩子在反复练习中熟练运用。用语不当时，也应及时予以纠正，不厌其烦。

在指导孩子运用词汇时，家长要注意以下几点：

家长应有意识地利用一切时机让孩子练习运用准确、贴切的词汇。比如，去公园去游玩的时候，在观赏景色的时候可让孩子积极运用词汇进行描述："绿油油的小草""鲜艳的花朵""美丽的金鱼"；在公园里看到湖里的荷花盛开时，也可随景附上："接天莲叶无穷碧，映日荷花别样红"这样的美句……

当孩子出现用词不当时家长应注意纠正。

纠正的时候要注意保护孩子用词的积极性，切忌指责孩子，应用启发式的方法指导孩子改正用词不当。如果孩子说"白颜色的水"这反映了孩子认识的不准确，家长不应只是简单地让孩子换一个修饰词语，而是要启发孩子掌握水的特点，如让孩子将水与白色的东西进行比较，让孩子冻一块冰，在冰里冻一些各种颜色的东西让孩子观察，使孩子知道水不是白色的，应该用"透明""无色"来描述。

家长在指导孩子运用词汇应注意根据孩子的理解能力与生活经验，掌握由近及远、由浅入深、由具体到抽象的原则。如运用"明亮"一词就应从孩子身边的具体内容开始，如"明亮的玻璃窗""明亮的教室"，然后逐渐扩展到"明亮的眼睛"。逐渐扩大运用词汇的范围和难度。这对孩子的语言发展与思维发展都有益处。

总之，丰富的词汇有利于孩子语言和思维良好的发展，更有助于孩子更好地表达自己的思想和要求，从而更好地与人交流，一个能说会道的孩子在人们眼中通常都是活泼开朗、讨人喜欢的聪明的孩子，所以，家长应当具有教育敏感性，以教育的机智紧紧把握每个可以教育的时机，让孩子得到提高，让孩子能够成功与人交往。

4. 鼓励孩子主动表达

在家长与孩子之间，常常存在着家长一方说话，孩子低头默默听着。其实所谓沟通，就是需要双方都把心中的想法说出来。面对孩子也是这样，孩子常常面对着色厉内荏的家长，而把自己的想法憋在心里，心里十分委屈。

明明今年上小学 2 年级，明明父母最近研究搬家，为的是给明明转到一所更好的学校。这一天早上，明明支支吾吾地想要对妈妈说话，妈妈却说道："站着干吗，快点吃饭，一会儿你又迟到了！"

明明只好去吃饭。明明父母看房子、研究家居忙得不亦乐乎，可是明明却面色严肃，最开始明明妈妈也没在意，一周后发现明明还是情绪不对。这才找到明明问他怎么回事。明明先是说："妈妈无论我说什么都可以吗？你不会骂我吗？"

妈妈摸摸明明的头，表示同意。明明这才开口说道："妈妈，我在这个学校认识了很多好朋友，我们玩得很开心，可是换学校后我就再也见不到他们了。"妈妈说："你是因为这个不开心吗？是妈妈不好，光顾着自己的想法了，既然这样那就不换学校了，以后有什么想法第一时间告诉妈妈。"

有的孩子唯唯诺诺，说话声音都不敢很大，原因就是家长长期不让孩子说出自己的想法，导致在孩子的世界观里就认为没有表达自己意愿的选项。孩子也有自己的思想和见解，如果总是不能表达出来，心理上会变得自卑，语言能力上也会退化，渐渐地变得沉默寡言。

而一个总是能表达出自己想法的孩子，我们也可以看到大都是性格开朗乐观、有主见的孩子，这类孩子口才很好，长大后好的口才将更有益于他的人生。

鼓励孩子说出心里的话，是保证孩子心理健康的方法。有的孩子闹情绪，就是内心的想法没得到家长理解，鼓励孩子把想说的话全都说出来，在情绪上是一种宣泄，同时也是家长了解孩子内心的最好方法。

让孩子在自由表达的同时，能培养语言能力，一个孩子的说话能力水平，向来被当做孩子知识、修养、能力的重要标尺。所以家长注重孩子的说话能力，是很有意义的，尤其是对不爱说话的内向孩子，鼓励他们说话可以很好地锻炼口才。

孩子在说出心中的想法后，由于年龄小，且与成人思维方式不同，可能有一些话让家长看来很"可笑"，但是也决不能对孩子进行嘲笑和讥讽。很多沉默寡言不说话的孩子都曾经在说出自己的想法后，遭到大人的严厉反驳，从此便很少表达自己的想法了。

有这样一个故事，美国著名主持人林克莱特采访一名小朋友，问他长大了想当什么。小朋友回答想当飞机驾驶员，林克莱特便问："如果有一天，你的飞机飞到太平洋上空，所有引擎都熄火了，你会怎么办？"小朋友说：

"我会让所有人系好安全带，我挂上降落伞先跳下去。"

所有观众都笑得前仰后合，林克莱特看到小朋友眼中纯真的流露，就又问道："你为什么要这样做？"小朋友说："我要去拿燃料，我还要回来！"没有人再乐了。这个故事充分说明了成人去理解孩子的话是很难的，太多的家长在孩子还没说完，就将其打断，给孩子灌输自己的价值观。

孩子能说出自己的想法，是一种思想自信的表现，也是一种语言能力的体现。在允许孩子表达的家庭氛围下，成长起来的孩子往往都非常有主见，有自己的气质，语言表达能力也会非常好，能把一件事讲述的头头是道。

在西方国家，哪怕孩子说出的是与其他小朋友完全不同的反对意见，家长也会鼓励，家长鼓励的是孩子说话的权利，从某种程度上来说这是对孩子自我意识的认可。事实上，没有嘴笨的孩子，只有不自信的孩子，当家长一直能给孩子创造畅所欲言的环境，孩子的自信就能增长起来，对语言的运用越多，口才也就会越来越好。

5. 学会与孩子聊天

很多家长抱怨孩子进入青春期之后什么话都不肯和自己说，其实并不是所有进入青春期的孩子都会对父母紧闭心扉。这取决于在孩子和我们聊天的时候，我们是怎么做的？

"妈妈，我们学校……"当孩子想要给你讲学校的趣事，你不耐烦地说："哎呀，赶紧吃饭，怎么那么多话。"

"爸爸，今天小虎抢我的飞机。"当孩子想要表达自己的委屈，你说："你们不是好朋友吗？你让他玩一会不就行了，要学会分享。"

……

尤其是在孩子 3~12 岁这 10 年，孩子是很愿意和我们说说话的，只是因为我们自己不会聊天，反而把这扇门给慢慢地合上了。

那么，到底用什么"魔法"，可以让孩子愿意向我们诉说？我们和孩子聊天时应该如何把握呢？

（1）问"小"不问"大"

孩子跟大人不一样，他们很难理解抽象的问题，也很难回答这类问题。因此，想要了解孩子在学校的情况，要尽量避开"抽象""大范围"的问题。不妨改问一些很简单、一定有答案的问题，而且不妨从细节开始。

不要问"你今天在学校过得如何？""你今天在学校做了什么？"这种问题，孩子很难回答，或是只会简单回答"还好""没做什么！"这样会让聊天很难持续下去。

你可以改问"你今天在学校上了哪些课？"当孩子说出自然、音乐、语文的时候，你就有机会接着"喔！那自然课今天教什么？"孩子就会接着回答你的问题"教气象啊！什么气温、风向的，无聊死了！""喔！那音乐课有没有好一点儿？……"你就可以借机了解他今天做了些什么，并持续交谈下去。

以前孩子刚上学时，我跟孩子聊天的开头常常是："今天的营养午餐（或点心）有哪些呀？""你们班上谁吃得最多？谁吃得最慢？"由一些生活小事打开话匣子比较容易，这些问题简单易懂，孩子通常都会争先恐后地回答，不会感觉到有压力。

（2）从别人的事谈起

从"别人谈起"是一个很好的聊天方法，比如，孩子会告诉我班上谁吃饭吃得最慢、谁最常被罚、谁功课最棒、谁今天又打了谁等等。当然，在聊天过程中，我们就能窥见他处于什么样的位置、对同学的行为有什么样的看法，然后了解孩子在我们看不见的时候，是用什么样的身心状态去处事。

（3）不要"否定"，只要"同理"

大人跟孩子聊天，很容易发生的一个状况就是大人常常喜欢否定孩子的感受。比如，当女儿说："自然课无聊死了"的时候，我绝对不会接着说："自然课不无聊啊！天气、气象是一件很有趣的东西……"

只要你这么一说，这个话题就聊不下去了！因为当孩子觉得你并不认同他说的话时，他后面的话可能就咽了回去。

比较好的方式是回答："喔，自然课很无聊啊，你可以告诉我是什么让你觉得很无聊吗？"

"因为我本来以为自然课可以做实验、看酒精灯之类的，结果都是坐在教室里上课！无聊死了！"

保持中立的语调、同理感受他的感受，往往可以知道孩子更多的想法，了解他的需求，进而帮助他解决困难。

（4）只要"倾听"，不要"说教"

和孩子聊天，最忌讳的就是说教。任何一种话题的聊天，只要沦落到说教与听训，那就没趣到极点了！所以，聊天时可以对对方、对话题保持高度的兴趣，多询问、少评论，多说"你"，少说"我"，就很容易让话题源源不断地继续下去。

比如，孩子说："妈，××今天打我。"

"喔，为什么？"

"因为我要玩恐龙，他不准我拿。"

"那你怎么办？"

"我就去玩别的了。"

"你怎么不告老师呢？我不是教过你，人家欺负你就去告诉老师吗？你也可以跟他说，公用的东西大家都可以玩啊！妈妈不是跟你说过吗？"

如果是采取这样的聊天方式，那么肯定话题就此戛然而止。孩子最后一定是紧闭双唇，不再多说一句。此时不妨继续询问："喔，那你心里有没有觉得很不舒服？"或者"那你还想玩恐龙的话怎么办呢？"

这时，你就会听到他真正的想法："还好啦！我想他先玩也没关系，等他玩完了，我再玩就好了啊！"或是"我很生气啊！所以我就跟他说："我不跟你玩了！"

（5）注意肢体语言

适当的肢体语言，会让孩子觉得你重视他、认真地想要和他聊天。除了在开车的时候，否则我在和孩子聊天时，都尽量以平行的目光注视着他。如果孩子还小，那就蹲下来；如果是个大孩子，那就拉着他的手坐下来。即使是手边在忙着折衣服、洗碗，在跟孩子讲话时，也必须要时时转头看他的表情。因为注视别人、专心倾听，意味着你很在乎跟他说话。

孩子对于肢体语言很敏感，一边跟别人谈话一边敷衍地说着"嗯""啊""喔"；或是眼睛一边盯着计算机一边听他说话，都不是鼓励他好好和你聊天的方式。如果我这样做，通常女儿会抗议："爸爸，你都没有在专心听"。

另外，大部分的孩子都喜欢亲密的接触：握握他的手，摸摸他的头，搂搂他的肩，搓搓他的颈背，顺顺他的头发，拍拍他的背等等。通常，对有一定熟识度的孩子适当地使用一些肢体语言，都会在聊天时产生一定正面效果。

正如我曾在电影《妈妈咪呀》中看到这样一幕，让我印象深刻，至今仍历历在目。那是茱莉·瓦尔特斯饰演的女儿出嫁的那天早上，梅丽尔·斯特里普饰演的母亲在房中为新娘梳妆打扮的场景。

镜头中，女儿撒娇地蜷在妈妈的怀里，由妈妈为她涂上脚趾甲油。那幕场景准确地传递了女儿和母亲之间浓郁的亲情，即便隔着银幕，我也能感受到这种强烈的情感。这是我很羡慕的沟通方式——用亲密的肢体语言来传递爱意和浓情。

第八章

孩子的阅读饥饿期，要牢牢抓住

1. 阅读，让孩子拥有更广阔的人生

在女儿很小的时候，我就给她一篇一篇地读童话，她识字后我就跟她一起读。上幼儿园的时候女儿就读了《安徒生童话》《格林童话》《小王子》，以及《哈利·波特》系列，上小学的时候开始读儿童版的"四大名著"。

阅读对孩子的气质、学识的提升是毋庸置疑的。想让孩子爱上阅读，先从培养一个阅读习惯开始。

首先，可以多带孩子去图书馆，多带孩子去图书馆感受阅读的氛围，这对于激发孩子阅读兴趣，培养他们阅读好习惯很有帮助。图书馆里有各种各样的书，孩子到了那里一定会找到自己感兴趣的书，当他有兴趣开始阅读后，就不用担心孩子的阅读问题了。

其次，可以给孩子讲述一些著名作家的事迹。孩子本身就喜欢听故事，讲述一些著名作家的传奇故事，可以激起孩子对人物崇拜的兴趣，继而想要了解著名作家的作品。家长若是能够坚持给孩子讲述名人的故事，相信他们也会在故事中进而对书籍产生兴趣。

在给孩子选择生日礼物时，不妨送一本书吧。让书籍成为孩子的好伙伴，父母可以给孩子精心挑选几本适合孩子阅读的书籍作为的孩子新年礼物或是生日礼物。这既可以让孩子学到知识，又可以培养孩子的阅读习惯。

通过故事表演游戏的形式提高孩子的阅读兴趣，爸爸妈妈可以跟孩子一起讨论角色，全体一起表演，激发孩子的想象力和认知水平，用此种方式教学，孩子的阅读兴趣一定会大大提高。

给孩子做好阅读的榜样，家长在孩子面前可以经常读书，并跟孩子进行讨论。女儿很喜欢探险类故事，我就给她推荐了《鲁宾逊漂流记》，最开始我担心她有阅读障碍，毕竟外国文学跟中国文学有很大差别，我就给讲鲁滨逊怎么在岛上生存，怎么盖木屋，怎么生活，她对鲁滨逊孤身一人在荒岛生存十多年产生了极大兴趣。

女儿就从我那儿拿走《鲁宾逊漂流记》，然后就看着她每天捧着这本书阅读，一周就读完了。这之后，我就让她跟我讨论读后感，她还问我还有什么类似的书，我就又给她买了一本《海底两万里》。

家长就书中内容与孩子进行讨论，增加了亲子之间的共同语言，而且还促进了彼此之间的亲密关系，这种讨论对于家长来说也是一种极大的乐趣。与孩子一起读书、一起讨论，是非常好的办法。

当孩子情绪烦躁、疲劳或者肚子饿的时候，应该让孩子先休息一下，千万不要对孩子进行强制性阅读要求，如："今天必须把书看完"这样很容易激发孩子的逆反心理，对阅读容易产生抵触心理。由兴趣激发是最好的办法，家长用言传身教陪孩子一起阅读，对孩子的影响非常大。

在孩子年龄不大的时候，阅读时间也不宜过长，这不是一朝一夕的事，每天长时间的阅读加上写作业、看电视，孩子很容易近视。每天教孩子阅读的时间不能太长，最好要在孩子意犹未尽时结束，这样能培养孩子的阅读欲。

给孩子挑选合适的书是一门学问。孩子在不同的年龄会喜欢不同题材的书，而且阅读能力也有所差异，比如3岁之前的孩子喜欢看颜色艳丽，形象逼真的动物或物品的图画书。3~6岁的孩子则喜欢童话故事或与日常生活有关的图画书，7~10岁的孩子就喜欢一些像美猴王之类的神话书籍或者一些富于冒险性的儿童书籍，10~13岁的孩子就开始喜欢探险之类的书籍，再长大一些可以开始阅读一些历史故事或推理的图书了。

给孩子提供的书要注意适合孩子的知识积累程度，随着孩子年龄的增加，所选书中的文字会越来越多，包含的思想也会越来越丰富，不能总停留在童话阶段停滞不前。通过长时间的阅读习惯的培养，可以使孩子的视野更加开阔，为人处世受到书香熏陶。

2. 分享，让孩子更爱阅读

女儿有段时间特别厌烦读书。所以，我买了许多适合女儿看的书也就被尘封在了书架上。

于是，我便从中挑了一本《汤姆索亚历险记》先全览了一遍，然后，在平时与女儿的交流中将这故事一点点地讲给她听，不过每次讲到高潮时，我都会对女儿说："请听下回分解。"

女儿总是很好奇，嚷着要我给她讲完。

这时候我就对她说："你可以去看书啊，书里面会有你要的答案。"

之后，女儿便会拿书坐在那里陶醉其中。

我也会经常跟女儿分享一些有趣好看的名著、画册等，并且时常跟她交流阅读中的故事情节和心得。慢慢地，女儿和我在阅读方面开始有谈不完的话题。

我用的这种方法其实也可以叫作分享阅读。

孩子的阅读，与其说是一个掌握知识的过程，不如说是一个与家长共同游戏的活动。正所谓，分享阅读就是强调"享受"，既是让孩子享受到阅读的乐趣，也是让孩子享受到父母的爱，而且这种享受是由父母和孩子一起阅读共同创造的。

在这种阅读活动中，孩子带着听有趣故事的平常心态和家长一起阅读，孩子会感觉到轻松愉快，就像小时候在摇篮里听妈妈哼优美的摇篮曲一样，孩子把这些视觉、听觉、触觉的信息都由大脑诠释为慈爱、安全、惬意、温情和父母深切的爱。同时，为人父母者也能感到孩子对自己深深的依恋，两个人之间弥漫着亲情的亲密气氛，从而在阅读过程中，自然缩短了两代人之间的距离，分享了共同的欢乐，达到相互的理解和信任，进而收到最佳的阅读效果。

在分享阅读的过程中，孩子开始从被动听家长讲故事，一步一步地参与到阅读中，并逐步过渡到自主阅读。当孩子变得越来越熟练以后，家长的声音可以逐渐减小，放慢语速，甚至故意停滞，给孩子机会让他说出下一句，直至完全不出声，让孩子独立进行朗读。只有在孩子不能继续朗读的时候，再给予帮助，对发音不正确的地方，及时提醒、纠正。

这样，由于拥有了家长的支持，孩子就可以放心大胆地尝试独立朗读，当他最终能够进行朗读的时候，可以从中发现阅读的乐趣。

在已经阅读了多个故事之后，也要把以前阅读过的故事拿出来再次阅读，由于以前接触过这个故事，孩子会像遇到一个老朋友那样兴高采烈。此时的分享阅读，已经不需要家长的过多参与，只是在必要的时候给予帮助即可，这时的孩子会觉得自己能真正独立进行阅读了，从而获得极大的成就感。

心理学研究表明，孩子大约从 3 岁开始，就具备了基本的言语表达能力，拥有了大量的口语经验和口语语汇及口语理解能力，在头脑中建立了大量语音与语义的联系。因此，在识字的初期，孩子学会汉字的关键是对书面书写形式的字词的学习和掌握。

也就是说，对于众多的口语词汇，孩子在头脑中已经有了"字音－字义"的联结，他们面临的主要问题和困难是要在大量的字形和字音之间建立"字形－字音"的联系，把大量已掌握的口头词汇转化为书面词汇，尽快学会阅读，克服阅读困难。

分享阅读时，家长应注意和孩子共用一本书，成年人在为孩子逐字朗读的时候，一边用手指的动作引导孩子注意到每一个字的字形，同时，读出每一个字的发音。这样，孩子在听故事的过程中，会学着把自己听到的字音和看到的字形一一对应起来，从而意识到每一个字形都负载着一个精确的发音，字形和字音之间存在着匹配关系，从而对文字会产生更大的兴趣。

当然，在分享阅读中，我们强调"重要的是让孩子学会阅读，而不是在阅读中学习"。所谓"学会阅读"，就是指体验到阅读的乐趣、掌握阅读的技能、养成阅读的习惯。在分享阅读中，体验到阅读的乐趣，更是我们进行分享阅读的出发点和达到其他目的的基础。

无论是成人还是儿童，人们只会主动去从事那些令他们感到舒服、愉快的行为。我们强调要在父母和孩子之间创造轻松、和谐的氛围；强调让孩子跟随家长反复朗读，并及时表扬；强调分享阅读不以识字为主要目的，也不是为了学习知识等等，都是为了让孩子能够把阅读活动和一切愉快的情绪体验联系起来，让孩子喜欢阅读。

阅读作为一种后天习得的能力，需要多次的实践与练习才能掌握和提高。只有孩子喜欢阅读，愿意阅读，真正阅读了，才有可能谈得上阅读技能的掌握与提高，谈得上阅读习惯的养成和巩固。

我们应把分享阅读看成是一种父母和孩子共同进行的游戏活动，而不是一种教育行为。孩子在分享阅读过程中，感受到的是爱，而不是被逼迫、被评价的厌倦和压力；孩子仿佛是在和父母一起做游戏。这种游戏，会让孩子在不知不觉中学会阅读，喜欢上阅读，还学会或熟悉了许多生字；表面上看起来孩子只是进行了阅读，但通过分享阅读，他们还发展了思维能力、语言能力和交际能力；虽然他们好像只是学会了朗读几个小故事，但这种小小年纪就顺利掌握了阅读的成功感觉，会对他们的自我悦纳心理和自信心的健康发展带来巨大好处；同时，让孩子在分享阅读中养成的阅读习惯，也将会使他们受益终生。

3. 如何帮孩子选书

身边有不少朋友询问我是怎么给女儿选择她的读物的，他们应该如何给孩子选择适合他们的图书，希望我给他们一些选书的指导。

首先，我认为孩子在不同的年龄，对事物有不同认知，因而家长在选择适合孩子阅读的读物时，应该了解每个年龄段的孩子的心理和生理发展状况。

一般情况下，1 岁的孩子，视力已有 0.2，能够看清图画书上的具体物象，这时可以给他一些描绘身旁熟悉的事物，例如人物、住宅、小动物的图画书。

2 岁的孩子已有 0.5 的视力，能够感觉色彩的浓淡。这时候，家长可选择介绍孩子眼前所见、身边所感的事物，内容最好能引起亲子之间的对谈，帮助幼儿语言能力发展的图画书。

3 岁的孩子已经会捕捉形象的轮廓线，比较喜欢明亮的色彩，也想重复听一些简单的故事和押韵的儿歌。所选图书的题材应以孩子实际能接触观察的事物为范围，如身体、植物、动物等。

4 岁的孩子开始喜欢富有想像力的童话以及善恶分明的民间故事。父母应为孩子选择有意义的民间故事，书中的插图以不带有太浓的梦幻色彩为宜。

5 岁的孩子喜欢幽默、内容圆满欢乐的图画书，外国童话、民间故事是拓展孩子经验，刺激孩子想象的好读物。同时要给予孩子科学类图画书，让孩子对自然发生兴趣，培养孩子观察、研究细节等科学心理。

6~8 岁的孩子在语言、心理各方面已有长足发展，他们喜欢短篇故事和知识性读物，父母可以提供一些传记或历史故事，让孩子建立过去、现在、未来的时空观念。无论是文字或图画，父母都要尽可能让孩子接触多样的表现形式，以扩大孩子的眼界，增加孩子的美感经验。

这个阶段，有的孩子已经认识了不少汉字，基本可以独立阅读。我们需要根据孩子的成长环境，以及孩子对文字的理解深度来加以综合考虑：

（1）学龄前儿童的阅读应该以图画书为主

学龄前儿童的阅读其实只是阅读的准备阶段，这个时期主要培养孩子对书的兴趣，并且通过阅读认识少量汉字。它必须是以兴趣为核心的，这么小的孩子怎么会对那么多字感兴趣呢？家长们在理解问题时必不能太机械，要灵活。

现如今，少儿读物层出不穷，可读的很多，只要没有不健康内容，读什么都行。不妨多买几种，孩子喜欢看什么就看什么。流传多年的童话确实不错，家长可给孩子读一读，如中国古代神话、安徒生童话、格林童话等。

（2）不要过分关注年龄和阅读书目的对应性

对于 3 岁的孩子或是小学 3 年级的孩子来说，课外阅读不是做功课，不存在哪个年龄哪个年级该读哪些书的问题。

孩子在 4~5 岁前的阅读情况相差不了多少，一般都是读图画书。但 6 岁以后，基于孩子以前的阅读基础不一样，并且开始形成他自己的兴趣，孩子在阅读水平和兴趣上会表现出明显差异。

所以不要太关注孩子几岁、上几年级，应主要看孩子以前的阅读基础是怎样的，还有他的兴趣是什么。比如小学 3 年级的孩子，有可能以前很少阅读，识字量也不够，如果推荐看纯文字作品显然不现实；但有的孩子已读过多部精品小说，就可以给孩子推荐一些更有高度的作品。

一本书适不适合孩子看，最主要看孩子愿不愿意看，只要孩子愿意，就可以。不要人为拔高，也不要人为阻碍。当然这也并不反对家长可以有意地推动孩子提高阅读品味。

（3）要选择正规出版社所出的作品，尤其是著名出版社的作品

有的家长可能为了便宜或方便等原因，给孩子买地摊书（包括盗版书），这样得不偿失。地摊书（盗版书）除了印刷质量差、错别字多以外，有的内容也不健康。有位家长给我写信说她从地摊上给孩子买了一本书，里面的故事和画面挺恐怖的，结果吓得孩子再也不敢一个人睡觉了，这对孩子的心理健康没有一点好处。

家长们自己在这方面要了解一些购书的常识、对好书能做出一个相对正确的判断。最保险的一个办法就是进正规的新华书店去买，或上信誉好的网站去买。

（4）具体选择哪本书：第一选经典，第二选口碑

凡好书才能流传下来，凡流传多年的才能称为"经典"。所以，买书选经典一般错不了。比如《红楼梦》。

随着网络的发达，大多数的家长都会在网上为孩子选购书籍、读物。这时我们就应该依据网上的销售评价来综合考量：如果一本书能在售书网上获得五星在65%~75%，四星在15%~20%间，加起来好评率在85%~95%间的就是好书，如果仅五星得星率一项就在90%以上，这很有可能是人为操作的结果。还有一个鉴别办法，就是看售书网站五星榜的"累计榜"，而不是近期排行，从中也会看出一些门路来。

（5）"家长希望孩子看的"和"孩子自己想看的"两方面要结合起来

孩子太小的时候当然得家长替孩子选书，但孩子上学后，能自己阅读了，就要给他一定的主动选择权，家长不要"书书代劳"。家长可经

常带孩子去书店或书图馆，让他熟悉这个环境，让他习惯自己去选择读哪本书。

家长也可以给孩子推荐一些读物。人们一般都会推荐自己读过并且喜欢的书，这是最方便和准确的。如果有的家长不喜欢阅读，实在不知道推荐什么，可以问问周围爱读书的人。

有些书买回来，孩子不喜欢看，适当诱惑即可，如果孩子实在不愿看，也不要强求。尤其当这本书是孩子自己选的，家长切不可因为孩子不愿去读就责怪"这不是你自己选的吗，怎么买回来又不读了"。这样说会伤害孩子自尊心和阅读兴趣。这方面浪费一些钱也是可以理解的，重要的是激发孩子阅读的兴趣，找到他们喜欢的图书。

4. 电子阅读代替不了亲子阅读

现在科技很发达，孩子的用品也丰富多样，有帮助孩子阅读的点读机，平板电脑上也有专门的孩童阅读软件，可以让用户下载和阅读电子图书，特别是有声读物的出现，音频中经过声情并茂的演绎，让一些儿歌、童话故事经过动画处理，生动形象，孩子很喜欢。

这些电子产品好处多多，但是依然代替不了亲子阅读。电子阅读有动画、有音乐，能够调动孩子的好奇心，而且画面立体多彩，但是这并不是调动了孩子的阅读心理，而是激起孩子的游戏心理，正如你给孩子用平板电脑玩水果忍者孩子也很兴奋好奇。所以孩子对平板电脑的喜爱，与其说是喜爱它的内涵，不如说是喜欢它的形式，喜欢它的娱乐游戏的功能。

从健康的角度来说，孩子的视觉神经还在发育阶段，长时间地盯住电子屏幕，对视网膜发育不好，而且电子阅读多了，不但影响视力，还很难培养孩子阅读的耐心。孩子的阅读，是分阶段的。学龄前的孩子，其实不是"读"，而是"听"，听妈妈、爸爸，或爷爷、奶奶等亲人，给他们讲童话故事，这就是我们所说的"亲子阅读"。

在孩子上小学的阶段，他可以自己阅读了，这时家长若不把关注点全放在"功课"上，而能延续着亲子阅读，并加以互动性的讨论，这对培养、巩固孩子的阅读兴趣和习惯，是有很大助益的。

读书是一种安静的行为，读书能提高专注力，只有一个字一个字，一句话一句话读出来才能培养耐心和毅力，也能培养孩子的线性的逻辑思维能力。

在孩子阅读教育上，亲子阅读是不可替代的。亲子阅读在亲情的互动氛围中流传父母与孩子亲情浓郁的语言交流，在眼神和肢体语言的交流中留住童年里亲子阅读的每一片记忆。

在现在这个世界，想让孩子完全远离电子产品也是不可能的，可以在平板电脑上下载亲子游戏，适当地让孩子体验游戏的乐趣，相信孩子有自我成长的智慧，引导他们健康正确不过分地沉湎于电子产品。

亲子阅读有以下几大好处：

（1）增进感情

孩子在这一过程中深入地与家长接触、沟通，通过分享书籍，分享彼此的想法和感动，家长能够了解到孩子内心的感受，也懂得什么样的书能打动孩子。

（2）增强语言能力

喜欢阅读的孩子语言能力特别强，在听、说、读、写方面要领先于其他孩子，因为书中的文字都有自己良好的逻辑。随着孩子阅读的叠加，对复杂的小说结构都能够读懂，那么他对于语言掌握的就更深刻了。

（3）增强协调沟通能力

在亲子阅读的过程中，家长与孩子频繁互动，这是一种有别于日常交流的沟通，孩子也能够通过书本的阅读，得到启示，能与家长分享自己的成就感。

（4）提高写作能力

爱读书的孩子会涉猎很多知识，在阅读过程中会吸收各大名家的写作特点，能够良好地掌握对语言文字的运用技巧，在上学学习语文后，这种优势就会更加明显，孩子对遣词造句、阅读理解以及作文，都会有超越同龄人的能力。

亲子阅读是一种甜蜜的陪伴，每个孩子都希望有父母陪着读书，而不是扔给他一个冰冷的电子产品，在孩子表现好时更希望得到的是家长的认可和赞扬。很多家长都以没时间为由，不陪孩子做亲子阅读，也没耐心每天用一个小时陪孩子读《格林童话》，可是对于孩子来说，他需要父母的陪读。

孩子喜欢听父母讲故事，很多时候不仅仅是喜欢书里的内容，大多是因为喜欢、享受坐在爸爸妈妈身边或坐在爸妈怀里的这种感觉，这是任何电子产品都无法替代的。所以我们不妨多用点时间陪陪孩子，陪孩子一起读书，多与孩子交流心得，这一过程能增强孩子对阅读的兴趣，也能增强孩子与父母的感情。

5. 培养孩子好的阅读习惯比开书单更重要

在培养孩子阅读的事情上，我常常问自己一个问题："我是想培养一个读书的孩子，还是一个爱读书的孩子？"

在与其他家长聊天时，也有家长问我，说你女儿那么爱看书，是怎么培养的，都给她开了什么书单。我的回答是没有书单。我告诉他们："不要管女儿读什么，重点是让她愿意亲近书，养成阅读习惯才最重要。你若要孩子养成习惯，就不要去控制孩子读什么？"

我曾看过一篇报道，说92%的孩子更愿意读完自己选的书。的确是这样，阅读是一件很私人的事，每个人都有自己喜好的方向。可能有家长会说："我家孩子还小，不知道如何挑书，难道还不能给他列书单吗？"

其实完全不用担心，亲子阅读讲究的是陪伴，对于2~3岁甚至更小年龄的孩子，父母的参与和引导比重可以更高些。尤其是当你以成人视角认为某本书适合孩子的时候，往往可能并不适合，有的孩子早熟，你还拿儿童绘本给他，就会被嫌弃。

尊重孩子的选择，给予适当的引导，让孩子自己选书，这本身也是一种难得的能力。孩子并不需要那些选定好的书单，况且这些书单都不是他自己选的，更不用再讨论那些书是否适合他的需求和满足他的兴趣。

台东大学儿童文学院院长林文宝就曾多次公开呼吁，要把选绘本的自由还给孩子，他也不赞同所谓的"专家书单"和"必读书目"。林文宝说："成人往往急于区分一本绘本是好书还是坏书，这是过度用力的表现之一。只有听听孩子为什么喜欢它，才会更了解孩子的内心。"

自己买的，肯定比父母喂的好吃。兴趣才是孩子最好的老师，家长不用刻意去询问、上网搜索"儿童书单"，每个孩子兴趣爱好不同，有的喜欢读冒险类图书，有的喜欢悬疑推理小说，有的则喜欢科幻文学等等，家长强制开书单，结果孩子不喜欢读，他会按照吩咐把书读完，但可能会对书的反感。

对任何一个孩子而言，建立良好的阅读兴趣和习惯比书单更重要。亲子阅读的重点是让孩子愿意亲近书，养成良好的阅读习惯。反过来说，父母如果要让孩子养成爱看书的习惯，就不要去控制孩子读什么，这同样佐证了为什么我们的孩子不需要设定好的书单。

当然，家长不是对孩子所读书籍毫不干预，家长可以使用"推荐书目"，比如告诉孩子："这本书是妈妈年轻时读的，非常发人深省，现在有时还会重温一下。"孩子可能就对此产生兴趣，这比强制阅读好很多。

只要你愿意和孩子一起，全身心地投入到亲子阅读中，愿意花时间，和孩子一起寻找你们喜欢的好书，一起读你们喜欢的好书，珍惜每一分每一秒亲子阅读时光，这就是最大的育儿收获。

家长也可以跟孩子来一次"阅读大冒险"，比如给孩子冒险选择：

（1）读一本 20 年前的书；

（2）读一个拍成了电影的故事；

（3）读一本关于运动的书；

（4）读一本爸爸妈妈最喜欢的书；

（5）读一本郑渊洁的书；

（6）读一本科幻小说；

（7）和比你年龄小的朋友一起读书；

（8）读一本封面是你最喜欢的书；

（9）读一本关于成长的书；

（10）读一本能教你新本领的书。

让孩子自行选择，孩子能够拥有极大的自主权，当孩子自己选择并阅读完成一本书后，会产生很大的成就感。这个时候家长要及时出现，跟孩子聊一聊阅读感受，甚至可以跟年龄大一点的孩子聊写作风格。家长可以和孩子对读过的每本书做一个记录，每年进行一次回顾，对孩子的阅读加深记忆，同时，这也是对孩子美好的成长记忆。

6. 鼓励孩子一边读一边提出疑问

孔子有一句名言："学而不思则罔，思而不学则殆。"意思是学习时要思考，思考时要学习，孩子在读书过程中肯定会产生疑问，给孩子的疑问做出解答，这也是一种很好的阅读互动，能帮助孩子更深地了解书籍。

犹太人家教中广泛流传着"四个儿子的故事"：上帝说每个家庭有四种儿子，第一个是聪明的儿子，非常喜欢学习，非常熟悉世界上的东西。第二个是坏孩子，坏孩子的意思是他也可能是聪明的，但却用他的知识做不好的事，不喜欢学习，常常跟朋友一起出去玩。第三个是普通的儿子，没有突出的特点，不聪明也不笨，很普通。最后一个，是一个不知道怎么提问的儿子，他没有好奇心，对世界上所有的东西不在意，没有兴趣。

这四种儿子里，最难被教育的是最后一种。犹太教育认为，孩子们应对世界充满兴趣，很多事情发生的时候，你要得到很多不同的信息，应该学会了解和学习，应该提问，敢于问问题。很多犹太学生喜欢问问题，造就了许多大思想家或者科学家，比如爱因斯坦、马克思，还有很多世界级的大商人。因为他们都很好奇,对事情很感兴趣,常常问问题,常常想了解发生什么,不只是摄取和获得信息,同时还要用自己的方式去研究。

在阅读教育中,多鼓励孩子提问,可以让孩子加深对书籍的理解,连通与父母的感情。亲子阅读中,最怕的就是家长因为忙或者没耐心,对孩子的提问置之不理,告诉孩子去查资料、问老师,其实只要短短几句话,家长就可以解答孩子的问题。

都说好问的孩子聪明,产生疑问说明孩子在思考,说明他有求知欲。而家长的据不回答或者敷衍回答,就是在打碎孩子的求知欲。孩子阅读一本书籍,第一次向家长提问得到敷衍回答,第二次提问家长表现得不耐烦,那么就很可能不会有第三次提问了。

不光是在阅读中,在生活里面对孩子的提问,家长都要认真耐心地对待。孩子的天性便是对这个世界充满好奇,他会问很多很多问题,会告诉你很多很多奇思妙想,会寻求父母的解答和重视,这是孩子的天性,家长应该尊重这些天性,使这些单纯烂漫的事物得到充分的保护。

有些家长工作了一天很累,而孩子走过来询问:“妈妈,蝴蝶为什么会飞”“小猫为什么是白色的”“陪我搭一个城堡好不好”“为什么人要吃饭”,类似的问题非常多,如果家长表现得不耐烦,对孩子的问题不重视,甚至告诉孩子“一边玩去”,这会很打击孩子的天性。

孩子好问是好事,说明他有强烈的求知欲和思考意识,家长给孩子一个认真的答复,不仅让孩子学到知识,更重要的是让孩子看到了来自最信赖的人的尊重,然后才能更加深入地探寻世界,激发自己的好奇心和想象力,千万不要因为孩子的问题太过幼稚而嘲笑或者敷衍孩子,这样会使孩子渐渐对提问失去兴趣。

有的时候，孩子不主动提问，家长要引导孩子提问，询问他对某件事、某本书有什么看法和意见，鼓励他大胆地说出来，无关对错。在日常生活中，家长要有意识地跟孩子进行交流和沟通，这是一个了解孩子的重要纽带，也是教育孩子的基础。

/ 第九章 /

这些行为背后的心理问题，再不知道就晚了

1. "妈妈，我怕"，孩子产生恐惧的心理原因

女儿一直比较胆小，3 岁的时候还怕路灯拖在她身后的忽长忽短的影子。每到晚上睡觉前，她不肯独自上床，抱着我说："爸爸我怕，外面有幽灵！"

4 岁的时候，她会大叫："我不坐海盗船，我怕！"

6 岁的时候，她对我说："爸爸，好可怕啊，你看那树上都是眼睛。"

进入 3 岁之后，原本就有点儿胆小的女儿害怕的事物越来越多了，有些原来就害怕的，现在仍然会害怕，有些原来不害怕的，现在却也害怕了，以至于经常可以听到她怕这怕那的话语。

我一度非常不解，按说最近这段时间里，并没有使女儿失去安全感的事件发生，为什么小家伙一下子变得这么胆小了呢？

像这样的困惑并不是特例，很多孩子的家长都会发现，到了 3 岁后，孩子会出现胆量一下子变小的现象，但这并不意味着孩子的心理发展出现了异常，相反，这是其心理在正常向前发展的结果，为什么这么说呢？

孩子的世界，总有着许多让他们感到害怕的东西，孩子对一些事物产生恐惧，是其成长过程中普遍存在的一种体验，它的内容会随着年龄的增长有所变化。为促进儿童良好行为发展，如何发挥恐惧情绪的积极价值，减低消极影响，是值得我们重视的。

儿童恐惧的对象随其年龄的增长、经验的丰富而改变。

1 岁前的宝宝对陌生人感到害怕，容易被巨大的声响吓住；

2 岁的孩子最害怕亲密相处的人离开他；

3~4 岁的孩子会特别害怕响声、黑暗和未知的东西，怕动物、怕孤独；

5 岁的孩子仍然怕黑，害怕在黑暗处受伤；

6~7 岁是一个充满想像的年龄。孩子会对想像中的"鬼怪"、死亡、强盗产生恐惧，害怕妖魔鬼怪、害怕找不到家、怕一个人睡觉时做噩梦；大多数的孩子在这个年龄都会害怕雷电、狂风和大火等自然界的现象。随着孩子知识的增长、对世界了解得越来越多，孩子害怕的自然界的事物就会减少；

到了 8~9 岁，孩子们可能会开始害怕自己考试的成绩不好而受到父母和老师的批评。

其实，孩子产生恐惧心理的原因有以下几种情况：

（1）孩子的某些经历

"一朝被蛇咬，十年怕井绳"，讲得就是这个道理。如果孩子年幼时受到过强烈的刺激，以后碰到类似的事物，甚至碰到的刺激比较轻微，也会引起孩子强烈的反应。如一个孩子曾被一只黑狗咬过，他下次看到黑狗时就会非常害怕，而且他还可能会由怕黑狗到怕所有的狗，继而怕所有的四足动物，这是心理泛化所致。比如，被开水烫过的孩子再看到妈妈倒开水就会离得远远的。

（2）欠缺生活经验

对黑夜的恐惧感，有说是先天的，也有人认为是后天的。夜幕降临，孩子们知识经验有限，既不知道黑暗中的世界是一个什么样的世界，也不知道身边亲人的去世意味着什么，于是就按照自己的理解来解释黑暗和死亡，由此产生了害怕与恐惧。

（3）受他人恐惧情绪的感染

孩子在看到或听到别人处于恐惧状态的情况时，即使自身处境并无任何引起恐惧的因素也会坐立不安。如看到其他人见到蛇后的恐惧反应，孩子以后见到蛇也会大叫大喊。孩子在听了鬼怪故事，看了带有恐怖色彩的影视片和图书时，由于无知及家长的消极暗示，其内心也会产生恐惧感。

当孩子出现恐惧感的时候，家长应如何对孩子的恐惧感做出反应？

（1）不要否认孩子的恐惧情绪，不管孩子恐惧的对象在成人看来是多么可笑，家长都不要若无其事地一笑置之，或者借机教育孩子要勇敢和坚强，这个时候孩子所需要的，不是成人的嘲笑或教导，而是对其情感的认同，所以，感同身受孩子的恐惧感受，告诉他无论遇到多么可怕的事情，爸爸妈妈都会陪伴着他，这样，不仅可以让孩子感受到来自家长的理解，还能让他意识到自己并不孤单，从而增强对抗恐惧感的信心和力量。

（2）既然"恐惧缘于无知"，那么对于引起恐惧的某些事物，如果能在理解的基础上给孩子揭示其真相，将有助于消除其恐惧感。比如，如果孩子害怕雷电，就不妨给他讲讲雷电产生的原因，对已经熟悉的事物，孩子就会少了许多神秘感，恐惧感自然也就少了根基。

（3）由于孩子的恐惧感通常跟想象关联密切，平时，家长应该尽量避免使用会引起孩子恐惧感的话语，那种动辄用"大灰狼""怪兽"吓唬孩子的做法，通常很容易触发他对可怕形象的想象，引发其恐惧情绪。

（4）由于孩子的情绪体验受家长态度的影响很大，家长不妨做好勇敢角色的示范，特别是在孩子第一次接触某些陌生事物的时候。如果此时，家长能够表现出对这些事物的正常的情绪反应，孩子就可能消除恐惧感。比如，如果家长在孩子第一次看到狗的时候，表现出对狗的紧张情绪，则孩子就会认为狗是很可怕的，反之，如果家长友好地去跟狗嬉戏，久而久之，孩子害怕狗的恐惧就会逐渐消失。

（5）平时多注意给孩子自由探索的空间，让他做力所能及的事情，提高其自身的能力。因为，一个对自身充满信心的孩子，会对掌控环境的能力也充满自信，不再容易怕这怕那，缩手缩脚了。当然，鼓励孩子随时表达自己的恐惧感也很重要，在这个过程中，需要注意的一点就是，有时孩子经历"恐惧"体验的时候，还会出现由于自尊心的作用而不愿意承认的情况，这个时候，家长应该尊重孩子，给他行动上的支持，而不是追究其内心想法。

害怕和恐惧是每个人都有的经验，有些人怕鬼，有些人怕狗。孩子也是一样，也有自己非常害怕的东西，这些东西也许在成人看来是很可笑的，但在孩子看来，这些足以让他们恐惧得不得了。因而，家长要对孩子的这现象提早发现，并给予孩子及时的梳理与调节，使得孩子在未来的生活中更加健康、快乐地成长。

2. 孩子脆弱，家长有责任

在最近家教的论坛上，大家都在讨论"孩子太脆弱"的事情。在这里给家长们分享一下。

一位妈妈朋友说，我们孩子最近总喜欢说"我自己来。"许多事也确实做得比以前好了。孩子愿意主动做事正是培养其动手、自理能力的好时机，我也是大力支持的。但是，她的性子比较急，比较容易哭鼻子，这让家长很苦恼。

事实上，有时候孩子并不是性子急，只是遇到问题时不会想办法去解决，于是本能地利用哭或尖叫来引起大人的注意，希望大人能主动帮助她解决问题。

为了避免让孩子养成事事依赖大人，等待家长主动帮助的习惯，家长应该明确告诉孩子，哭并不能解决所有的事情。

另一位家长则提到，孩子3岁后真的是一个非常时期，各方面都发生了变化，脾气大不说，而且只要一不顺心就发脾气，作为家长的我们也是很注意平时的言行与对孩子的教育，但是依旧对孩子起不了多大的作用，家长很是无奈。

孩子处于成长阶段，很多家长都提到孩子的脾气大，性格怪，不知该如何教育。一方面由于孩子大了，有了更多的自主权，很多时候孩子更愿意自己拿主意，不再全部听从于父母的安排。而3岁的孩子正处于第一叛逆期，家长不理解的斥责和打骂会激怒孩子做出更大的"挑战"。另一方面也是由于家长平时太过于尊重孩子的意愿，让孩子渐渐养成了任性、自我的性格，家长的一味地妥协助长了孩子的嚣张气焰。

家长可以利用"舆论"的压力来处理孩子的发脾气，这时家长可以大声向家中各成员宣传"你们喜欢发脾气的孩子吗？有人愿意和发脾气的孩子做朋友吗？"如果家中各个成人都否定回答，孩子会意识到大家都在批评他，从而明白乱发脾气的人不被人喜欢。改掉一个脾气、一个习惯不是一次两次教育就可以，需要长时间的与孩子"斗智斗勇"。在这个方法中最重要的一点是家中各成员的教育态度要保持一致，配合默契。

还有一位网友提到，孩子一直对声音比较敏感，比如气球爆炸声、打雷声等等。上次幼儿园开游园会，因为爆了个气球，搞得她哭着非得回家，后来饭也没吃就走了，真的是拿她没办法。

3 岁左右的孩子对气球爆炸声、打雷声等声音害怕是很正常的一种表现，但孩子如果对很微弱的刺激的声音都害怕，这就很有可能是因为从小在家的生活环境过于安静，导致孩子对突然发生的强烈声响适应能力低下，所以孩子很容易受惊吓。

家长在以后遇到这种情况时，在注意安全的前提下，先不要因为孩子的大哭大闹就选择立刻带孩子离开，可将孩子搂在怀里给予适当的安慰"妈妈会在身边保护你，不要怕""这个声音不会伤害你，一会儿就消失""宝宝是勇敢的孩子，这点声音肯定不会害怕！"让孩子在心理上得到一定的安慰和鼓励。只要亲人陪在身边，宝宝就会有安全感。此外，家长平时也可以多跟孩子玩一些声音游戏，以情境表演的方式来展现各种声音，让孩子熟悉这类声音，家长还可给孩子解释这些声音产生的原因和来由，减少孩子对陌生声音的过度担心和惊吓。相信在家长持之以恒的帮助下，孩子对这些声音都会有一定的认知。

孩子动不动就哭，这跟家长是脱不了关系的。现在的孩子，大部分是独生子女，在家备受宠爱，处处以自我为中心，凡事要求家长迁就自己，致使感情和心理相当脆弱，动不动就哭鼻子。比如，在幼儿园受了老师一点小批评，和小朋友玩受了点委屈，家长没答应他的要求，等等，都能让这些感情脆弱的孩子情绪低落。还有一些孩子赢了，他会高兴得手舞足蹈，输了，他就怨天尤人、垂头丧气，甚至自暴自弃。

此外，在幼儿的自我意识发展过程中，孩子往往会过高地评价自己，再加上很多家长喜欢盲目地夸奖孩子，使孩子产虚荣心。虚荣心强的孩子很喜欢攀比，如果看到别人比自己强，往往会感到强烈的失落感，心理失去平衡，脆弱不堪。

这就需要家长给孩子营造一个宽松的环境，逐渐扩大孩子的交往范围，尽可能地挖掘孩子的优点，使孩子在活动中获得最大的成功，让他有充分把握和表现自己的机会，获得他人的认可、赞美，树立自信心。

家长还要有一颗平凡心，正确对待孩子的输赢。当孩子失败时，家长要鼓励孩子，把孩子从脆弱的感情中拉出来，转移孩子的注意力。在挫折教育上，身教重于言教。当家长受到挫折时，冷静、坚强、勇敢的心态可以潜移默化地培养孩子直面挫折的勇气。当孩子面对挫折时，家长要显得平静，淡化孩子的受挫意识。当孩子经过自己努力克服了一些挫折后，家长要及时赞扬孩子，让孩子在心理上获得一种胜利感，从而增强克服挫折的自信心和意志力。

3. 孩子见人就躲，是不是患了社交恐惧症

小廖夫妇是我的朋友，他们的儿子快 3 岁了，原来是夫妻俩自己带小孩，后来随着工作日渐繁忙，照顾孩子的时间越来越少，于是他们就将儿子送到了幼儿园，想让他适应一下集体生活。

没想到几周后，幼儿园老师打电话来，说他们的孩子可能有社交恐惧症，建议进行心理辅导。小廖夫妇很是诧异，每天上下学接送时，儿子一看见父母就笑逐颜开，回家也不停地说在幼儿园学到了什么新东西，没看出任何异常。

于是小廖决定请一天假，到幼儿园看个究竟。在老师的陪同下，小廖来到儿子的班级，躲在窗外观察。他发现，无论是上课还是自由活动，儿子总是一个人躲在其他小朋友的后面。老师上课提问到他，他低着头、红着脸，声若蚊蝇不知道在说什么；自由活动时，小朋友们大部分都聚在一起玩，但自己的儿子却一个人搬着小板凳在边上自个儿玩积木。

同时，小廖还注意到，晚上带孩子散步，见到同院的叔叔阿姨，儿子从来不打招呼，要么装没看见，要么死命地拽着妈妈的衣角，往她身后躲。

其实，这样的现象在许多孩子身上都可以看到。孩子由于缺乏独立生存能力和社交经验，在离开父母独自面对陌生人的时候，会产生焦虑。随着和陌生人交往次数的增加，焦虑逐渐降低。但如果长时间、反复出现持续的焦虑情绪和回避行为，就表明孩子极有可能有社交恐惧症。

如果儿童早期生活在一个敏感、家庭关系紧张的环境中，如父母经常吵架，婆媳关系（奶奶和妈妈）不和等，都会让孩子产生自我退缩、

封闭的防御机制，以致于害怕面对所有陌生人。此外，父母（特别是母亲）对孩子的限制越多，孩子越容易形成"行为抑制"的气质，在陌生人面前保守、躲避。儿时的社交恐惧症会对其成人后的社交生活产生不利影响。

美国心理学家泰姆杜巴教授曾对数以万计的对象进行心理调查，结果发现许多人都有腼腆怕羞的心理弱点。美国成人教育家对大学生的调查说明，演说课中有80%~90%的学生，在上课之初都会感受到登台的恐惧。在成人班里，课程初开时，登台恐惧的数字更高，几乎达到百分之百。其实，许多职业的演讲家，也从来没有完全去除登台的恐惧感，他们常常是在战胜恐惧的过程中完成自己的演讲的。这样看来，恐惧并不可怕，重要的是如何控制它，驾驭它，克服它，战胜它。

如果一个人不是有意识地克服这种社交的恐惧，而是一旦产生恐惧感便不可遏止地"瘫"了下来，以致使自己失态，无法继续进行交际活动，那么这种现象就会像其他条件反射一样，以后再遇到类似情景就不由自主地害怕起来，等到他自己明白不该如此并试图压制这种恐惧感时，结果却适得其反，更加强了心理的紧张。这样，越恐惧就越不敢（也不愿）参加社交活动，越是不敢参加社交活动，这种恐惧的心理也就越被强化，最后形成顽固的"社交恐惧症"。

一般来说，3岁的孩子就不应该"怕生"了，如果孩子仍"怕生"，那家长就要引起注意，找找原因。一般有以下几个原因：

（1）从小在家太受宠爱了，什么时候都跟爸爸妈妈在一起，一刻也不离开。

（2）爸爸妈妈对孩子的安全过分担心，管得太严，不让他和其他小朋友接触。

（3）家庭人口少，与他人交往不多。

（4）由保姆带大，又经常换保姆，使他产生了不安全感。

（5）小的时候，爸爸妈妈或他人吓唬他"你再不听话，就把你送人。"或"你不听话，把你送给一个可怕的叔叔"。一旦家里来了客人，孩子就以为可怕的叔叔来了。这在心理学上称作"交往退缩"，其形成与孩子个性及不良环境因素都有关系。

心理学研究发现，虽然患"社交恐惧症"的孩子看起来不惹事、不淘气，一副老实听话的样子，但这都是他们自卑心理的外部表现，他们没有勇气与人交谈，因为他们在心理上一定存在着严重的交往问题。对此，家长一定重视孩子的交往能力，及时地帮孩子进行心理调适与必要的补救。家长应做到：

（1）在日常生活中培养他的勇敢精神，让他参加一些活动并多和生人接触，如当着生人表演节目；与小朋友一起玩游戏，让他独自到外面去玩耍；让他自己去买东西，如买报纸、买冰棍等。

孩子越是不敢与人交往，平时就越应该带他一起外出。随着孩子与人相处的机会与时间增多，他的交往能力就会越来越强。因为在不断的交往中，孩子会不知不觉地效仿他人的交往行为与说话方式，这样交往能力就会不断加强。

（2）不要吓唬他，不要把周围的人都说成坏人，不要讲可怕的故事，多进行正面的教育。如果一个孩子长期得不到应有的关爱，还常常被恐吓，他就很难形成良好的交往能力。所以，当孩子犯小错误时，不要对他进行严厉的训斥，这样会使孩子经常生活在恐惧和焦虑之中，觉得自己是个不受欢迎的人或是个没用的人，从而不愿意与人往来。

（3）如果有孩子一到社交的时候就出现羞怯、紧张与不安，这时家长一定要及时地帮孩子缓解这种消极的心理，可以用适当的话为孩子圆场，使孩子的心情放松下来。可以提前告诉孩子，不管要见的是谁，自己与对方在人格上都是平等的，让孩子用大胆而自信的眼光看别人，让孩子为培养充足的自信心打下基础。还可以告诉孩子，有紧张感时，可以有意识地做深呼吸，以使紧张情绪得以缓解。

4. "妈妈，我不想去幼儿园"

对门的邻居是一对年轻夫妇和一个非常可爱的小女孩。

最近，小女孩上幼儿园了。

小女孩从早上起床就一直开始哭闹，"妈妈，我不要上幼儿园。"

妈妈："不行，你必须得去幼儿园，哪里会有很多的小朋友和你一起玩。"

小女孩："我不要小朋友和我玩，我要妈妈，我要妈妈陪着我。"

妈妈："妈妈要上班呀，上班才可以挣钱给女儿买玩具和好吃的呀。"

小女孩："我不要玩具，我不要零食，我要妈妈，我要妈妈。"

妈妈："那妈妈下午五点来接你好吗？"

小女孩："不好，幼儿园的小朋友不理我，我会想妈妈的。"

……

小女孩的妈妈说，他们家里几乎每天早上都会上演一场不想上幼儿园的"闹剧"：孩子哭闹着不肯去，接着她泪眼婆娑，爸爸气得大发雷霆，奶奶在一旁小心翼翼地护着孩子……

对于一个 3 岁的孩子来说，离开父母上幼儿园，从一个熟悉的环境过渡到一个陌生的集体环境中，孩子很容易产生不适应感和焦虑感。这个时候孩子就会产生生抵触、对抗、拒绝、生气、哭闹等消极情绪，严重时还会影响孩子的作息，甚至会表现出自体不适，也被称为"儿童分离性焦虑症"。

分离焦虑是指婴幼儿同父母或其他亲密的人分开时所表现出的强烈的情感依恋。盖尔在其编撰的《儿童百科全书》中写道，一般性分离焦虑通常出现于宝宝 8~10 个月，在宝宝 18 个月时达到高峰，之后会逐渐减轻，到宝宝 3 岁时会基本消失。但这时如果宝宝开始入园，或者有新的家庭成员诞生，则很可能激发宝宝另一个分离焦虑的高峰期。

这个阶段之前的孩子由于没有离开过父母，事事都有家长亲自操劳，慢慢的，孩子形成了一种依赖感，家长在身边孩子总会感到有安全感。对于孩子的这种依赖感，很大程度上是源于家长可以及时地满足孩子的一些需求，比如，吃、喝、拉、撒。正是因为这样，如果家长一旦离开，他不仅会没有安全感，也会在心里产生一种失落感。家长从孩子的眼前消失时，孩子就会表现出不安并且哭闹，这也是孩子不愿上幼儿园的原因——分离焦虑。

其实任何时候父母的离开，孩子都会有分离焦虑的情绪。但是当孩子经历了多次父母离开而又回来时，孩子就会逐渐建立起"父母只是离开一会儿，一会儿就会回到我身边来"的信任感，能够逐渐适应父母离开时的没有安全感，从而战胜分离焦虑的情绪。因此，当孩子开始进入幼儿园时，家长应该主动配合幼儿园，让孩子学会适应幼儿园的生活。比如，让孩子单独睡一张床、自己吃饭、自己穿衣服等等。这样不仅可以培养孩子的独立性，还可以缓解孩子遇到急事想找妈妈的焦虑。

（1）慢慢让孩子认识幼儿园

当孩子还没有到上幼儿园的年龄时，家长可以带着孩子散步，假装不经意地路过幼儿园的门口，对孩子说，"你看！这就是幼儿园。"而不要很直接的和孩子说，"你马上就要上幼儿园了。"

（2）让孩子观看幼儿园里面的情景

在合适的时候，可以带着孩子"顺路"经过幼儿园，让孩子有足够的时间看到小朋友玩耍的情景，让孩子慢慢地喜欢上幼儿园。

（3）提前带孩子到幼儿园中玩耍

家长可以挑一个幼儿园放假的时间，带着孩子到幼儿园里荡秋千或者是玩跷跷板，带着孩子简单地参观一下幼儿园，让孩子知道幼儿园中可以有很多好玩的东西，也会有人陪他玩。

（4）陪孩子在幼儿园上 1~2 个小时的课

孩子刚开始上幼儿园的时候，家长可以陪着孩子到幼儿园上课，时间不要很长，大概 1~2 个小时就可以了。这期间，如果家长可以帮助孩子认识 1~2 个合得来的小朋友是再好不过的了。当然，家长陪孩子到幼儿园上课的时间要逐渐递减，否则会让孩子有依赖感。

（5）千万不要回头看哭闹的孩子

很多家长在送孩子上幼儿园临走的时候，都会不由自主地回头看自己的孩子的习惯。其实，这样的做法是很不科学的，当家长回头看孩子的时候，孩子反而会哭闹得更厉害。所以，把孩子送到幼儿园后，家长要坚持不回头狠心地离开。

送孩子上幼儿园或上学，也要杜绝"三天打鱼两天晒网"，不能因为孩子哭闹着不肯去幼儿园家长就妥协了，这样孩子会越来越不喜欢幼儿园，也会助长孩子厌学的情绪。

5. 儿童"恋物癖"，源自安全感缺失

你的孩子会经常将自己的旧玩具、洋娃娃之类的东西紧紧地抱在怀里吗？一旦你从孩子的怀里夺去了这些东西，孩子就会烦躁不安、哭闹不休，即使到了床上也迟迟无法入睡？

如果是这样，家长就要警惕了，这可能是儿童"恋物癖"的表现。这是一种正常现象，由于孩子缺乏安全感，把玩具当成真正的伙伴，整日不离手。家长不用刻意纠正，可告诉孩子放下玩具，同时要意识到孩子内心缺乏安全感。

缺乏安全感的儿童一般来自于这样的家族：

住房条件宽裕，自很小的时候就开始在儿童卧室里单独入睡的家庭；

父母工作繁忙，孩子由严肃的全职保姆一手带大的家庭；

孩子与暴力动画相伴成长，长期与电视为伍的家庭……

儿童的"恋物癖"换言之就是一种轻微的孤独症，源于孩子在家中没有得到足够的关注，只能在自己的贴身物品中寻找安慰，要时时抱着自己为之信赖的玩具，才能找到安全感。

女儿刚上幼儿园的时候，回家后就抱着她的洋娃娃，吃饭的时候抱着，睡觉也要抱着，告诉她把洋娃娃放下认真吃饭，她也不听，还说什么洋娃娃是她的朋友，甚至想喂洋娃娃吃饭。

后来我就思考女儿的行为，她的洋娃娃很多，还有很大的毛绒玩具，可是她偏爱这一个洋娃娃。我就问她要为什么一直抱着这个洋娃娃，她回答我说这个洋娃娃孤零零的，怕它孤单。

当时我就明白了，是女儿怕自己孤单，那段时间我和女儿的妈妈工

作格外忙，忽略了女儿，之后我推掉了一些工作，陪着女儿旅游、逛公园、看电视，女儿就改掉了这个毛病。

我看到过这样一个故事——

叶凡从来没有离开过她的玩具熊，尽管在她"百宝箱"里有许多各式各样的新的玩具熊，但她一点也不喜欢。爸爸妈妈极尽"哄劝利诱"之能事，要叶凡放下那只又脏又旧的玩具熊，都遭到了叶凡近乎拼命式的反对。

无论叶凡去哪，甚至是跟着父母到外地旅行，旧玩具熊一直是她最重要的东西，把它紧紧抱在怀里，甚至用嘴撕咬着才能安静下来。如果她发现旧玩具熊没带，她就烦躁不安、哭闹不休，即使到了床上也迟迟无法入睡。妈妈感慨道"这孩子有些神经质，真难带"。前不久，妈妈以讲卫生为由，将叶凡的玩具熊扔到了垃圾站去，结果叶凡整整哭了一天，水米不进。

后来经过心理专家解释，叶凡父母才想起来，在叶凡很小的时候，由于父母工作繁忙，叶凡由职业保姆带过一年。从那以后，叶凡就开始带着自己的玩具熊了。

其实，家长只关心如何让孩子放弃安慰物是不对的，而应该给予孩子更多的安慰和安全感，特别是在孩子负面情绪的情况下，如无聊、寂寞、恐惧、害怕的时候，家长要给予孩子恰当的安抚。

预防或逐步戒除幼儿的"恋物癖"，要从增强孩子的安全感入手，家长可以使用下面的方法：

（1）找时间多陪陪孩子

陪伴是对孩子最大的安慰，很多孩子长时间见不着家长，安全感自然很差。孩子也不是动物，只需要喂养即可，孩子的成长需要有父母陪在身边的安全感和幸福感。为了避免孩子衍生出孤独和焦虑的性格，家长要给孩子以长时间的陪伴。

（2）多拥抱孩子

拥抱和抚摸不是奖赏，不要等孩子画了一幅漂亮的画或弹出一首钢琴曲时才去拥抱他。拥抱应该是日常的、无条件的，就算孩子做错了事感到不安，也可以拥抱他，这是两代人之间一种无声的和解方式。经常性的拥抱给孩子这样暗示：我在你身边。

多拥抱孩子，可以使孩子感受到家长的关怀，摆脱缺乏安全感的心理阴影。

（3）做好睡前安抚工作

孩子在成长过程中要逐渐独出一室，但是孩子又很怕黑暗和噩梦，所以强硬地把孩子与父母分开，是很不明智的，不少孩子就是在入睡前的害怕和不安中染上"恋物癖"的。所以面对这种情况，家长不妨在孩子睡前陪伴孩子，并开亮一盏小灯，唱催眠曲或读一两个美妙的童话故事，等孩子睡着再关灯离开。在这种关心下成长的孩子，一般不会出现安全感缺失问题。

6. 任性是孩子心理需求的表现

孩子任性令很多家长头疼不已，怎么说都不听，有时还故意跟家长反着来，孩子为了达到某种目的会做出特别任性的行为，哭闹不已，不吃饭不睡觉，把家长搞得精疲力尽。有些被娇惯的独生子女，这种任性的表现更加明显。

随着孩子年龄的增长，孩子开始接触更多的事物，就会产生诸多的情绪和兴趣。如果家长照顾不周，孩子就会用任性来表达自己的心理需求。美国儿童心理学家威廉·科克研究表明，孩子任性是一种心理需求的表现，他表示家长多以成人的思维去考虑结果，完全忽略了孩子参与的情绪和兴趣。实际上，这种情绪和兴趣，就是孩子很想接触更多新事物的心理需求。

举个例子，妮妮看见来家里做客的表姐有个新玩具，在表姐离开后便开始要求妈妈，她非要这个玩具不可，尽管当时已经夜深人静，妮妮一定要妈妈出门把这个玩具买到手，否则就有哭闹一夜的打算。

在这种情况下，家长与其责怪妮妮任性不懂事，看什么要什么，不如从心理角度去了解妮妮为什么非得要那个玩具，可能妮妮就是对玩具上面一个闪光灯格外好迷，这就是一种求知的心理需求。当这种心理需求得不到安抚时，她就与妈妈作对，无奈中只得以哭来抗议，不达目的绝不罢休。

家长完全可以先表扬妮妮爱动脑筋，然后再讲出今晚不可能买到玩具的道理，并承诺第二天一定给她买还会与她一起研究闪光灯发亮的原理。孩子得到心理需求的安慰后，情绪就会好很多，因为感受到了妈妈对自己的认可。

有一个故事，说是有个孩子5岁时，被妈妈安排到自己的小卧室睡觉，她缠着妈妈给她讲童话故事。妈妈累了一天了，想早点休息，就告诉孩子赶紧睡觉，关了灯就离开了。过了一会儿，妈妈听到卧室里有哭声，进来一看，发现孩子正坐在地上哭，妈妈问她怎么了也不说，就只哭，妈妈把她抱在怀里安慰了很久，一直到眼眶挂着泪睡着。一连几天都是如此，有一次，妈妈在睡前问她："宝宝，你有什么想跟妈妈说的吗？"孩子这样回答："妈妈，我就想让你多陪陪我，白天我要上幼儿园，晚上回来跟你也待不了多长时间,就要上床睡觉了。"妈妈这才明白过来，此后每天无论多累，都要给孩子讲一个睡前故事，看着孩子睡着再离开。

孩子的表达能力有限，他会用不吃饭不说话来表达对父母的某种不满，也会用故意玩游戏到很晚来表达希望父母的陪伴。处在成长期的孩子，内心是很敏感的，家长如果不去了解孩子的内心，就不会得知他们的真正心理需求是什么，也就难以掌握孩子行为的根源。

有个同事的孩子叫朵朵，每天早晨，妈妈都要费九牛二虎之力叫醒朵朵起床，大人们上班时间很赶，可朵朵好像故意一样，常常站在镜子前没完没了地照，或者吃饭慢吞吞，半小时吃不完一碗稀饭，爸爸、妈妈越是着急她越慢，越指责她越反抗，最后干脆说"肚子疼不吃了"。

在学校里，朵朵也经常不听话，老师常常被她气得不行，让她拿好笔画画风景，她却画乌龟，让大家一起唱歌，她却闭着嘴不唱。暑假的时候，妈妈把朵朵送到了外婆家，让她见见农村的样貌，改变一下心性，却没想到朵朵跟外婆也不和。外婆告诉朵朵别往地上扔垃圾，朵朵就一定要扔；外婆给朵朵梳好头，她就故意乱挠，不出 5 分钟，朵朵就把头发弄乱了；让朵朵午睡，朵朵偏说要看书，看书也不好好看，一会儿又要午睡。

后来跟朵朵谈过心后，妈妈才知道，朵朵在学校里最好的朋友转学了，她一直很想念朋友，却又毫无办法，所以就做出种种任性的行为，希望得到妈妈的注意。

如今物质生活提高了，但是孩子们的幸福感却没有以前的孩子那么强烈，生活中相陪孩子的只是电子产品，缺少实际的沟通机会。大多数家长常常忙于工作，忽略孩子的感受，不能充分做到亲子沟通，孩子只能用任性的办法来换取跟家长的接触，吸引家长的注意。

从心理上来说，孩子任性是有自己的心理需求的，从行为上来说，家长不要对孩子任性的行为全面纵容。任性的孩子长大了只会变本加厉，并不会越来越懂事，家长可以跟孩子"约法三章"，对孩子要求的深夜里根本做不到的事，父母就不要答应孩子，但是要跟孩子讲清楚道理，从孩子的心理角度出发，先给予孩子安慰和理解，并征得孩子的原谅。如果孩子的任性太过分，也不妨适当严厉一点，让孩子知道每个人都要生活在有所约束的环境下。

7. 9 岁孩子患了抑郁症

9 岁的高斌除要完成平时学校布置的作业外，还要参加高妈妈给他报的英语班、书法班、浏览班、奥数班。

"现在同事之间都比孩子的学习，不让他学习，他会落后于别人。"高妈妈说。

一天，高妈妈带着高斌去上英语辅导班时，他突然哭着不愿去，便在学校大声叫喊了起来。

高妈妈无奈只好先把高斌接回家去，她发现孩子也不做作业了，捂着头喊痛，还时不时与她大吵。

于是，高妈妈带着儿子到医院做了详细的检查后发现高斌已患上了儿童抑郁症。

……

也许这时大多数的家长都会很迷惑，孩子也会得抑郁症吗？

在人们的普遍概念里，孩子都是无忧无虑活泼开朗的，所以孩子的心理健康问题会因此被忽略。其实，抑郁症不分年龄，连 3 岁小孩子也会出现病征。儿童也会患抑郁症，患病的原因主要有两方面，一方面是孩子的内在素质，另一方面是来自外界的因素给孩子造成的心理压力。

此外，外界因素的影响是导致此类疾病的重要因素。比如，有的家长对孩子的期望过高，他们往往会投入全部的精力和财力，同时也将自己由于种种原因没有能实现的愿望全部寄托在孩子身上，使身负两代人使命的孩子感到莫大的压力，而这种无形的压力超出了孩子本身所能承受的范围。

相对来说，3~12 岁的孩子中抑郁症的识别率低、诊断难度较大。临床表现的共同特点是情绪波动大，行为冲动，例如，易激惹、发脾气、离家出走、学习成绩下降和拒绝上学等行为十分常见。一般而言，患抑郁症的孩子性格都比较内向，他们多愁善感、优柔寡断、思绪紊乱。由于这类孩子平时感情体验比较少，在遇到挫折或学习压力过大时，很容易患抑郁症。

生活中，家长要注意留心孩子的一言一行。如果你发现一个孩子发怒和悲伤持续过久，而且在玩耍时和有趣的事情发生时也高兴不起来，那你可能要像关注在幼儿园捣蛋的孩子一样关注他了。如果孩子的以上症状特别明显，家长则就应该重视起来。如果孩子得了抑郁症，家长也不要过分着急，要充分理解孩子。

同时，家长应该在精神上多给予孩子关怀，要耐心地与孩子进行交流，充分了解孩子的真实想法。如果是由环境因素引起的，应及时改变环境，消除不良环境因素的影响。除了在思想上对孩子进行关心外，还应该采取适当的行为治疗。合理安排孩子的学习和生活，逐步培养孩子坚强的意志和开朗的性格。要掌握孩子对事物和自身的看法，从中挖掘出孩子产生抑郁的潜在心理机制，从而调整孩子不合理的想法和信念，从根本上解决孩子的抑郁状态，这是很重要的。

当然，有时孩子对自己所施加的压力也是形成抑郁状态的重要因素。这些孩子往往对事物和自身都有悲观的想法，他们常常会把老师或家长的善意批评曲解为自己笨、无能、令人讨厌，甚至会因某次考试的失败而对自己的前途悲观、失望。这是由于孩子的自信心受损而引起的，这时家长就要想办法帮助孩子树立自信心和自尊心。家长首先要帮助孩子改变认识，其次要强化孩子好的行为，发现孩子的长处，及时给予鼓励，并且在这时候，家长要重新为孩子确定学习目标，引导孩子量力而行，不能操之过急。日常生活中，家长要安排一些高兴欢乐的事情与孩子进行互动，把愉快的活动列入日程，如访友聊天，或参加野餐、文娱活动，看电影、听音乐会等。

总之，家长平时要多注意孩子的身心健康。一旦发现孩子有抑郁倾向，一定要及时向心理医生寻求帮助。其实，孩子患性抑郁症并不可怕，只要家长提高警惕，及时发现和处理好孩子的这些心理问题，孩子的抑郁症是可以得到缓解的。

8. 孩子说谎，父母有责任

有一件事，我到现在都印象非常深刻。记得女儿上幼儿园大班时，本来很乖很诚实的她，竟然说谎了，这给我来了个措手不及。

事情是这样的：大班的小朋友每天都抢着玩幼儿园新购置回来的毛毛虫玩具，小朋友们都每天早早去抢占，去得晚了就没有了，女儿总是抢不上，这让她很不开心。一天，她从幼儿园回来，手里抱着个毛毛虫就一直在自己的小房间里玩得不亦乐乎，我问她哪来的毛毛虫，她说："小朋友送的。"

我和老师沟通了一下，知道她说谎了，但我平静了一下，并没有责怪她，而是语重心长地说："我知道你是怕我不高兴，所以不想告诉我真相。你是拿的幼儿园的玩具，你喜欢这个漂亮的毛毛虫，是吗？但你不可以占为己有，别的小朋友如果发现没了毛毛虫会很伤心的。"

专家表示，一般来说，学龄前后的孩子尚未发展出明确的道德观，在他们的认知能力范围中，并不清楚"真的"与"假的"、"对的"与"错的"之间差别在哪里。在他们的世界里，只要能让自己舒服、高兴的事就是"对的"，而能避免父母生气与责备的事就是"好的"。

不少家长发现随着孩子渐渐长大，孩子开始会有意无意的讲假话。心理专家认为孩子往往在三岁半至四岁半时就学会了如何有技巧地撒谎，所以当家长发现孩子在撒谎应该采取积极的态度去应对，要找到孩子撒谎的原因再对症下药，你知道怎样才能让孩子不再撒谎吗？

不同年龄段孩子"说谎"各有特点，具体表现如下：

（1）2~3岁孩子的说谎特点

"说谎"在3岁以下的幼儿中是一种极为常见的现象。这时孩子基本上不可能分辨出自己是在说谎还是在说实话。孩子的那些无伤大雅的谎言可能源于活跃的想象力、健忘等原因。

（2）3~4岁孩子的说谎特点

这时的孩子，说话时会不加思索地脱口而出，讲不符合实际的假话。经研究，这些多半是孩子为了实现某些愿望而为。初次说假话，经教育后一般就不会再发生。但如果处理不当可能会让孩子继续说假话。

（3）4~6岁孩子的说谎特点

这个时期的孩子因害怕受罚而试图欺骗，把谎话当成了保护伞。父母向其发怒，还不如利用这个极恰当的机会跟孩子一起讨论撒谎行为及由此引起的后果。这是帮助孩子分辨真实和想像的最佳时期，这时比较容易让孩子养成诚实的好习惯，这习惯将影响他的一生。

（4）6~12岁孩子的撒谎特点

6~12岁是个"理智的年龄"，孩子在智力方面取得了突飞猛进的发展。这时，孩子会发现大人们在觉察方面存在缺陷，还懂得了谎言的用途。他们一味地撒谎有时是为了好玩、吹牛、避免报复等，但更多地是为了应付进入少年时期的压力，如：考试成功，做个好学生……只要达到父母的要求，不让自己难受，与其期待已久的形象相离，一切都在所不惜。父母这时可以告诉孩子谁也不会相信他的自吹自擂，学习成绩是客观事实。父母要做的是和孩子一起找到他想掩盖的"创伤"并设法医治。

很多父母像我一样对自己的孩子都有一个错误的认识——认为自己的孩子已经长大了，懂事了，不再是小宝宝了，所以孩子应该很明白自己说的话是事实还是谎言。其实不然！事实上，说谎是孩子成长过程中的一个正常现象。请不要轻易将说谎与孩子的品质画等号，因为谎言有时只不过是幻想，或者是孩子小小的如意算盘。

学前期阶段的孩子自我意识已经很强烈了，为了取悦别人、为了逃避惩罚等等一些原因，他也会违心地说一些谎话，但是家长无需担心，这个时候孩子以真正欺骗别人为目的的谎言很少，所以家长好好引导，是可以把孩子说谎的毛病改正的。

这时候，家长需要反思，因为这个时候的孩子说谎大部分原因来于家长，家长对孩子的一些不正当行为很容易让他利用说谎的方式来应对。

孩子为什么要说谎呢？当孩子说谎时家长应该怎样解决呢？

孩子在成长的过程中，发现自己的某些行为会引起父母足够的重视。这时，为了让父母关注自己，孩子就会撒谎说自己哪儿不舒服想引起父母注意。这样博父母关注的孩子，多半是因为父母平常易忽视孩子的感受和变化，而且在孩子做对事情的时候缺乏对孩子的表扬和鼓励。

这时，父母一定要去多关注孩子，不只是他的物质生活，还要多去探索他的精神世界，了解他的想法，一起去感受他的喜悦或难过。最可行的方法就是经常和孩子一起玩游戏，也可以跟他一起读漫画书。这样受到关注的宝宝，就会自觉放弃撒谎博关注的行为了。

有时候父母不经意间的一些行为也会被孩子模仿。比如：为了拒绝别人的邀请，家长会寻找各种托词推脱，或者有时候为了安慰别人不得不说一些善意的谎言。那么当孩子做一些事情的，也会"如法炮制"。当问到他为什么撒谎时，他还会理直气壮的回答："你也经常撒谎啊，为什么大人能撒谎，小孩却不能撒谎？"

这时候家长一定会很汗颜，不是呵斥孩子一顿，就是无言以对默默走开。那这样都不会让孩子改掉撒谎的毛病。家长应该跟孩子说清楚自己为什么说这些谎言，并主动向孩子承认错误，跟他说这样是不对的。小孩听到大人这样说，就会在心理记住，以后也就不会因为这种原因撒谎了。

4~5岁之前，孩子还不懂得有目的、有意识地去记住一些东西，能回忆起来的只是一些形象鲜明、具体生动以及他们感兴趣的个别对象。所以有时候会出现"断片"的现象。孩子的记忆还比较易受暗示或者歪曲事实，尤其当情绪处于异常活跃、兴奋状态时，他们习惯于将主观愿望与客观现实混淆起来。于是这种记忆的不准确性也常常会被误解为说谎。

在这种情况下，父母一定不要急着去呵斥他，或者去强迫他想一下，这样只会让他害怕，反而想不起任何东西。家长要善于去一步一步地引领孩子去想起一些事情，比如给他一些线索或者比较形象的暗示等。

儿童心理学家达蒙在研究中发现：4~7岁儿童只重视服从权威的实际效果，比如认为：服从是对的，这样做可以得到想要的东西。

我们不能要求孩子冒着让大人生气的危险去选择"诚实"，另一方面我们说话不要拐弯，要单刀直入讲真话。我们要让孩子知道没有必要对我们撒谎，而且不给孩子制造撒谎的机会，让孩子减少防御性谎言；当孩子说谎时，家长也不应该表现得歇斯底里，或是充满说教与批评，让孩子误认为，大家不爱听真话，说假话大人才会爱听。

哲学家罗素说过："孩子不诚实几乎总是恐惧的结果。"著名儿童心理学家基诺特分析儿童说谎的原因时也说："说谎是儿童因为害怕说实话挨骂而寻求的避难所。"学前期的孩子已经有了一些基本的是非判断，当他们发现自己做错事时，会本能地害怕随之而来的惩罚，特别是已经有过做错事被训斥、惩罚的经验。

此时家长不要为了让孩子说真话而一个劲地盘问，那样只会使孩子把谎话编得越来越圆。为孩子创造一种说真话的宽松环境，告诉孩子人都会犯错，应当勇敢地承认，下次注意了就行了。当孩子主动说了实话后，首先要表扬孩子的诚实，然后再妥善处理孩子的错误。

没有人会无缘无故地说谎，更何况是孩子。孩子的思维是比较直接的，你给他灌输什么他就接受什么，所以家长在改正自己行为的同时，积极对孩子进行引导，教出一个诚实不说谎的好孩子还是很容易的。

如果家长在孩子的黄金教育期不严加管教，让孩子养成了撒谎的恶习，那么这极有可能会影响孩子的将来。因此，诚实对孩子而言，是如同黄金一样贵重的品质。培养一个诚实的孩子，要从小就开始做起，在孩子很小的时候，家长就要在他们幼小的心灵上播下一颗诚实的种子。

9. 为什么孩子喜欢告状

某幼儿园的自由绘画时间中，东东正在专心致志地用蜡笔给纸上的汽车涂颜色，旁边的安华把脑袋凑过来，东东不希望安华在旁边看，就把他推开。安华对此举很不满意，就伸出手推了东东胳膊一下，东东的蜡笔一下子划出了界限，好好的汽车被毁了。东东立刻就向老师叫道："老师，安华把我的画弄坏了！"

家长们会发现，4~6 岁的孩子爱告状，甚至在年龄更大一些时总是跟老师打小报告，这样很影响孩子的人际关系。

一般来说，孩子爱告状有以下几点原因：

（1）表达能力变强

当孩子表达能力变强也开始具备一定的逻辑思维能力后，他就会用语言来描述自己的观察，表达自己的意志和想法。爱告状可能仅仅是他跟家长或老师沟通的方式之一，这一阶段的孩子总是表现得叽叽喳喳，话说个不停，其实就是他们想说话。

（2）希望引起注意和赞扬

这个年龄段的孩子有一个特性，试图引起大人的注意或赞扬，他会观察自己的什么举动、言论会引来大人的注意，然后重复此类动作。这种例子很常见，两个孩子在一起玩的时候，弟弟不听话，另一个孩子就报告家长："弟弟不听话啦！"

孩子是想通过这样的举动，博得家长赞扬的语言，得到认可和支持。

（3）希望控制局面

这类孩子有责任心，总是像小领导一样，能带领着其他孩子一起玩，但是如果出现孩子不能被控制时，他就会选择告状，来重新掌握局面。

（4）喜欢执行规则

这个阶段的孩子正在形成自己的规则意识，他们常常把爸爸妈妈或老师的话当成不可违背的规矩，而且对这些规矩特别敏感，一旦有别的孩子违背了这些他们熟悉的规矩，他们就会予以特别的关注。他们会任命自己为"监督官"，为一些小朋友打抱不平。比如，小莉莉看到小溪翻别的小朋友的书包，马上跑过来报告老师："小溪没有经涛涛同意翻他的书包啦，还拿他书包里的玩具，小溪做得不对。"

4~6岁的孩子，刚刚开始建立是非判断标准，独立处事的能力还非常弱。他看到别的小朋友做的事，自己心里觉得是错的，但并不能完全确认时，会通过告状来明确是非标准。有时他已经知道小朋友做错了，想通过告状来获取家长或老师对自己的表扬。

孩子在告状的过程中，会体验做大人的感觉，比如通过告发弟弟的行为，来把自己和大人拉近，拉开与弟弟的距离。当然，更多的孩子告状，是希望获取大人的支持，帮助他在与小朋友之间的争执中取胜。家长应根据不同的告状情况，分析孩子不同的心理，做出不同的处理。

孩子出现告状的行为，总是表明他内心有了某种心理需求，希望得到家长的关注，不论事实情况如何，家长首先要安抚和接纳孩子的情绪。对于希望通过告发别人的不当行为获取表扬的，家长在肯定孩子没有犯同样错误的同时，还要告诉他，帮助小朋友改正错误的最好方法是当面诚恳地向小朋友指出。

通过告状寻求家长帮忙的孩子，心里肯定有不少委屈和压力。比如，孩子在每天放学后都告状"今天同桌把我的橡皮拿走了""班长没把小红花给我"，看上去都是琐事的告状，可能隐藏着孩子在班级里受集体欺负的事实，孩子不能明确表达，只能用告状的方式向家长倾诉。

对于孩子的告状，家长首先一定要认真倾听，先缓解孩子的情绪，并给予安慰。敷衍对于孩子来说是非常大的打击，会使孩子更感委屈。家长还要对孩子表达谢意，因为孩子正在帮助其他孩子遵守规则，尽管有那么一丝多管闲事。不要吝惜你的夸奖与赞美，"你的确做得很棒，以后也要这样做。"这使孩子感觉到你看见了他的努力，同时也能转移他的注意力，不再纠缠于告状本身。

在弄清事实后，家长要帮助孩子寻求解决的办法，但不应完全无原则地相信自己孩子的话，更不应找别的孩子家长争吵，而是应该鼓励孩子说出事情的经过。如果孩子一时说不清楚，父母可用提问的方式引导孩子回想一下发生的事情。

鼓励孩子去发现其他小朋友的优点，让孩子不局限于只看到别人的缺点，这样孩子就能够摆脱"不想跟某某玩"的想法，告状问题也会减少。

如果孩子真的有问题需要解决，家长应鼓励孩子自己解决问题。当然，家长要告诉孩子"我就在你背后，你自己解决，我看着你。"给孩子足够的心理安慰和支持，孩子才能放心大胆地处理问题。孩子每次告状，家长都亲自解决，下次他还会告状；孩子告状，家长不理，孩子没信心自己解决，只好一直忍受。

对于孩子爱告状的情况，一方面是希望得到家长关注，另一方面是自己找不到解决之道，家长可以通过教育和引导，让孩子解决问题的能力增强，下次再面对问题，孩子就不会选择告状了。

10. 孩子为什么会疯狂追星

很多家长跟我说过自己孩子追星的问题，而且情况很严重，正在上四五年级的孩子，买明星的贴纸，用明星代言的产品，还要去听明星的演唱会。家长不知道这种情况如何处理。其实，每一个人都有偶像，我们曾经不也都是从追星的年纪过来的，只要家长认真对待，多跟孩子沟通，追星只要不过分就没问题。

蔡明、郭达、赵丽蓉的小品《追星》，蔡明演的中学生是个狂热的追星族，她对偶像的痴迷到了让家长无法容忍的程度，整天研究明星喜欢吃什么、穿什么、干什么，追星让她对学习越来越没兴趣。气得郭达饰演的父亲直跺脚。

从家庭的角度来讲，孩子疯狂地追星，父母的关怀不够是原因之一。有 50% 的家长不知道孩子的偶像是谁，有 40% 的家长理解孩子追星，只要不过分就行。家长不知道孩子的偶像是谁，或者一看到孩子的偶像就看不惯，说明已经有了代沟，已经不太了解最新的流行文化，以及现在的孩子都喜欢什么。

有些家长工作很忙，只顾着工作而跟孩子相聚时间很少，或者孩子很小就被送到奶奶家、姥姥家抚养，孩子感受不到亲情，感受不到家庭温暖。正常的情感需求被压抑、扭曲，这种需求被迫转移到追星上。

孩子在成长过程中需要倾诉的对象，需要安慰他的人。如果家长做不到，孩子就会寻找一个"优质偶像"，通过听偶像的音乐，看偶像的电影寻找安慰。

现在孩子的学业过重，也是孩子追星的原因之一。大多数孩子每天都背着重重的书包上学，学校里课程排得满满的，课后还要上各种补习班，在大量的学习生活中，孩子爱玩的天性得不到施展。孩子想踢足球，没时间；想骑自行车远游，没时间；想跟朋友玩，没时间。

这种挤压之下，孩子就把所有的注意力都放在追星上，把生活中不能实现的东西寄托在追星过程中，在不知不觉中获得了一种心理补偿。此外，现在的孩子的朋友较少，不再像过去大院里十几个孩子在一块疯跑，孩子仅有几个要好的朋友，要在一块玩可能还要坐公交车才能见到。

追星可以使孩子在同龄人中找到朋友，忘掉学习的压力，并能憧憬偶像的生活。大部分孩子的追星行为都属正常，不过在诸多因素的诱导下，处在叛逆期中的孩子，可能会对追星做出很多极端行为，比如，为了追星旷课、离家出走、借钱看演唱会等等。

一位妈妈对孩子追星的做法值得学习。

女儿疯狂地迷恋某歌星，还在学校组织团体支持歌星，妈妈不知道女儿为什么这么沉迷，就坐下来跟女儿一起看歌星的节目。从此，只要有该歌星的节目，妈妈就跟着一起看，甚至还帮助女儿收集歌星的信息和各种海报。女儿特别高兴，给同学打电话说："我妈妈可棒了，对我喜欢明星可支持了！"

妈妈常常和女儿谈论歌星的话题，又使女儿逐渐了解到歌星不但唱功了得，更是个全才，小提琴、钢琴、架子鼓样样精通，字也写得很棒，当年的高考成绩也非常好。女儿开始向歌星学习，写字也认真了，学习也更加努力了。最后，妈妈和女儿成了无话不谈的好朋友，女儿也为了不让妈妈失望刻苦学习，歌星成了激励女儿成长的榜样。

这位妈妈很尊重女儿，对女儿的追星没有阻拦，而是去了解明星，进而去了解女儿，在跟女儿沟通的过程中，女儿也开始理解妈妈。而妈妈挖掘偶像的榜样作用，让偶像的力量激励孩子成长进步，使得孩子走在正确的追星道路上。

要防止孩子过度追星，首先家长要了解孩子在想些什么，所以家长要多跟孩子沟通，用平和的语气跟孩子说话，就会发现孩子是不是平时受到了冷落，才去疯狂追星的。只有了解到孩子的内心世界，才能够去理解孩子的行为。这样家长就可以创造起良好的亲子氛围，孩子追星的行为就会走向积极。

对于已经重度追星的孩子，家长也不能动辄打骂，越是这样，孩子可能走得越偏。家长可以跟孩子立下军令状，让孩子在保证学习成绩的前提下追星，同时追星不能影响其他人。对于家长来说，孩子追星不全都是坏事，通过正确的引导，可以让追星变成好事。

/ 第十章 /

12 岁前的社交能力，影响孩子一生

1. 礼貌是教养的象征，更是优秀的通行证

　　一个有礼貌的孩子，走到哪里都受人喜爱。礼貌是教养的象征，在对孩子的教育中，教孩子文明礼貌是非常重要的。

　　一次聚会中，一个朋友带来她 4 岁的儿子，刚一见面她就打圆场："我这儿子腼腆，从来不叫人。"果然，那孩子像没看见周围一圈叔叔阿姨似的。随后这位朋友又说："不过也没关系，这孩子学习好，腼腆也挺好，不惹事。"饭吃了一半，那位腼腆的孩子就吵着要回家，朋友拗不过他，跟我们道歉后就离开了。

　　回家的路上我就在想：这位朋友因为只顾着孩子学习，所以造就了孩子不爱说话的性格。孩子没错，有错的是家长，孩子小的时候不叫人没什么，长大了还这样可就是不尊重人了。

一些孩子生性顽皮，不分场合时间地胡闹，或者见人不说话，对长辈不尊重，说得严重一点，这是缺乏教养的表现。网络上把这些不懂礼貌的孩子调侃为"熊孩子"，这些熊孩子总是很缠人，在公共场合大声喧哗、跑来跑去，对陌生人也总是没轻没重……

有一个特别重要的事情总是被家长忽略，即几乎没有人告诉你，你的孩子不懂礼貌。当孩子冒犯别人的时候，碍于面子的人总是虚伪地说："没事，小孩嘛。"但是对方心里的想法你不得而知，很可能是："这孩子太没礼貌了，真没教养，讨厌。"

在孩子的教育黄金期，3~12 岁这 10 年间，孩子的可塑性是最强的，家长教成什么样孩子就会变成什么样，教孩子懂礼貌，也应该从这一年龄段入手。

孩子的不懂礼貌不是天生的，在很小的时候，孩子特别听话，家长说的话都听，随着成长到 10 岁左右，有的孩子就越来越不听话，也越来越不懂礼貌，开始我行我素。这其实是在教育黄金期忽略礼貌教育，让孩子对礼貌不够重视。

有人抱怨自己的孩子："刚学会讲话时，孩子逢人便叫，特别乖巧。如今，除了人家手上有糖，无论怎么劝他，都不会叫人，甚至连正眼都不瞧一下。如果哪个阿姨或者叔叔喜欢他，一抱他，他就哭着踢人家。"

对孩子的礼貌教育，家长应当以身作则，给孩子做一个好榜样。如果父母自己不文明，而去要求孩子讲文明，这是不公平的。孩子会模仿大人的说话方式，所以家长要注意自己的语言，说话多用"谢谢""不客气"等谦辞。

因《爸爸去哪儿》再次火爆荧屏的林志颖，他的教子之道被很多人赞赏，其中有一条就是林志颖坚持父子之间说谢谢。林志颖表示："比如我回到家里，他给我拿鞋，我就一定会对 Kimi 说'谢谢'，他也自然会回应我'不客气'。"

想让孩子养成见人就打招呼"叔叔阿姨"礼貌叫人的习惯，家长要及时肯定和鼓励孩子重复这样的习惯，久而久之，宝宝见了熟人就会自动地打招呼了。如果孩子对陌生人主动问好，父母一定要夸他做得好，是个受人欢迎的孩子。让孩子养成每次进家门和家人打招呼，出门之前要说再见，可别忽视这些小细节，这将影响他以后为人处事和交际的能力。

对懂事一点的孩子，在教育或者纠正孩子的不良行为的时候，要注意千万不要在公共场合伤及孩子的自尊心或使孩子难堪。

如果你的孩子有打人、骂人这样的不好行为，首先不要生气，家长应该平静而坚决地告诉他："咱们家里可不能有骂人打人的孩子。"对于孩子的不文明行为，批评教育一定要及时。比如孩子到了学校孩子会很容易学一些骂人的脏话，毫无意识地跟着说。家长可以告诉孩子："你说脏话，我就不理你。"让孩子自觉反省。当孩子逐渐用规范语言替代脏话后，家长要及时鼓励和称赞孩子的正确行为。

2. 正确对待孩子迷恋社交网络

现在的孩子从小就会玩手机，很多孩子到了小学后认识的人多了，就开始玩社交网络了，微博、微信、QQ 等等一个都不少。回到家里也是手机不离手，跟朋友聊天、互动点赞，也有老师通过社交网络发布作业。

此类问题成了越来越多家长头疼的根源，新闻上一个美国南部的彪悍母亲，痛恨自己的几个孩子沉溺于社交媒体，于是"处决"了儿子的手机，她用枪朝手机射击，最后又用锤子把手机砸了个稀巴烂。这位老妈录制了整个过程，还在视频中喊话道："我在此要谴责社交媒体对我孩子的影响，他们变得不听话也不尊重人。他们的人生比世界上任何的电子产品都要重要。"

别说孩子了，就连很多年轻父母也爱玩手机，躺在沙发上刷微博，能刷好几个小时。看到孩子沉迷于社交网络，家长不要心急。从社会角度上来说，现在很多家庭都是单独一户，不会像过去孩子们可以走街串巷，邻里之间经常串门，孩子不缺玩伴。而现在的孩子都是在网络下成长的一代，在网络上聊天互动，正反映了孩子们渴望被关注的心理，社交网站的参与者都是孩子的同学，这能够消除他们的孤独感。

同时，社交类网站形式新颖，有游戏、信息、照片、视频、音乐等，改变了单一的文字信息模式，很符合十来岁孩子的胃口。很多家长担心孩子沉迷社交网站，会出现网瘾。其实，家长不用着急给孩子扣这种"帽子"，所谓网瘾可比每天刷微博要严重得多。大部分孩子都只是习惯于在社交网络上交流和寻找快乐。

有家长反映，他家的孩子在暑假里除了做作业，就是在玩平板电脑，整天都不出门。这位家长担心孩子的眼睛近视，也害怕孩子与人面对面交流的能力缺失，对孩子屡屡管教，让孩子少玩手机和平板电脑。孩子回答则说："你不也玩吗？暑假这么多天的空闲时间，我不玩这个，玩什么？"家长无言以对，不知道该怎么劝说孩子，只好粗暴地没收孩子的电子产品。

其实，家长如果把孩子的暑假生活安排得丰富些，让孩子学弹琴、绘画和跆拳道，还可以带孩子参加夏令营、社区活动、社区郊游等等，这样就压缩了孩子在网上消磨的时间，让孩子多走出家门，就会降低对社交网站的依赖，因为他们可以在真实的世界认识朋友。

（1）堵不如疏

有一些家长得知孩子申请了自己的社交账号后，就会采用极端的方式：封掉账号。其实，这种方法的效果并不好，因为孩子完全可以再注册一个账号，而且随着孩子的成长，又不能没有网络社交，因为这种社交平台是孩子和同龄人交流的平台，也能让他们有更好的互动。此外，家长关掉孩子的微信、微博账号也没用，指不定哪天又冒出新的社交工具了。

家长要以引导为主，主动成为孩子们在网络世界的好友，默默地在一旁担任守护者的角色，这一定比一味地禁止来得更有成效。

（2）不同年龄不同对待

在小学及之前的阶段，社交网络平台对孩子的用处其实不大，这一阶段，家长应鼓励并带领孩子去面对面交往去拓展自己的人际关系，把孩子打造成一个不依赖网络，喜欢户外运动的阳光少年，这样在孩子越来越多地接触网络时，不会彻底沉迷。

大概到了初中阶段的时候，孩子已经有了自己的网络社交需求，家长也可以融入孩子的社交圈子，当孩子离家入校后，家长可以通过微信等社交工具跟孩子交流与沟通。这时，家长就没必要限制孩子的网络社交了，只需要提醒孩子泡在网络上的时间不要太长即可。

（3）告诉孩子网络社交的原则

现在是一个自媒体时代，每个人都可以成为信息的发布者和传播者，别说孩子，就连很多成年人都无法正确使用网络、无法甄别网络上信息的真伪。

那么，作为家长，首先需要让孩子懂得在自媒体时代，每个人都可以成为新闻发布者，所以我们发布的内容首先要合法，言行与身份相符，然后还要注意是否尊重主流价值规范，是否会给他人带来伤害。

（4）做好监督

成年人与非成年人是有区别的，其中之一就看能不能负责任，法律规定 18 岁以下的孩子需要家长的监管。当孩子在父母引导之下形成交际圈之后，父母要给他自由，不要过多强加干涉，但应该关注小孩交流的范围和内容，当发现苗头不对要及时干预，引导孩子确定他的交友范围，以一个旁观者的身份去留意孩子在这方面的变化，及时地给他引导和启发。

（5）多陪孩子

和网友互动也是寻求陪伴的一种方式，家长们可以反思一下自己是不是总是在忙工作而没时间陪伴自己的孩子，才使得他们不得不在网上发布一些信息来寻求别人的关注。如果想要孩子自觉地少用社交网络，父母就应该多陪孩子，让他能把心里话和自己说。

如果强制关闭了孩子的社交网络，就更应该多陪孩子，不然孩子把话都憋心里。

3. 尊重孩子，孩子才会尊重别人

家长总以为孩子什么都不懂，言语中有时会有轻视的成分，孩子得不到尊重，自然也就不懂得什么叫尊重。在现代教育中，尊重孩子已经成为一个重要的课题。

在美国的家庭教育中，对孩子人格的尊重是基本的原则。美国的父母不会过分宣扬子女的过错，他们懂得维护子女的名誉，他们知道如果当众宣布孩子的过失，会使孩子无地自容。

当着外人打孩子，是中国家长普遍的做法，而这种做法恰恰最伤孩子自尊心。著名文学家胡适曾回忆自己的母亲，胡适的母亲从来都不在外人面前打骂胡适，小胡适犯了错误，母亲就会对望一眼，等到夜里只有母子二人时，再罚跪、罚站，无论如何惩罚，都不会让外人看见听见。

注重孩子自尊的家庭环境里，家长与孩子永远都是平等的。一个正确的态度是，家长在日常沟通中，要把孩子当成大人来对待，说话的语气中要充满尊重意味，"你一个小孩懂什么""大人说话小孩别插嘴"之类的话会让孩子伤心。跟孩子平等的交流，为的是保证孩子的人格自尊。

给孩子尊严的家长总会给孩子自主选择权，而不是强迫。孩子如果想换衣服，家长就会以商量的语气说："宝贝，你看穿这件天蓝色的T恤衫好，还是穿那件黑色的球服好呢？"他们不会用命令的口吻说"就穿这件红色的"。

如果到别人家做客，主人拿出水果、甜品等，家长不要立刻帮孩子回绝"谢谢他不吃"而是让孩子自己决定，想吃就吃，不想吃就表达谢意并回绝。如果主人没有主动地拿出孩子想吃的东西，但是孩子却向主人索要，那么家长也不要立即呵斥孩子，而是在适当的时候给孩子解释或说明这种行为不当的原因，并告知孩子有些东西是不能吃也不能要的。

有的家长在人前总是格外谦虚，总会说"我家孩子头脑笨""我家孩子不行，没你家孩子成绩好"，这样的话也会伤到孩子。因为每个孩子都希望父母表扬自己，这种在外人面前的谦虚，从某种程度上来说是贬低孩子，会让孩子失掉自尊。

小米是我的学生，活泼可爱，成就优秀，但是有一点"唯我独尊"，在学校里有些霸道，所以不是很合群，在家里更是如同"小皇帝"一样，对爸爸妈妈总是呼来唤去。小米的妈妈意识到自己教育的错误后，与小米交流时一改往日教训和命令的口气，改用商量和讲道理的方式，小米犯错后，妈妈也不再直言责骂，而是委婉地指正出来，提醒小米改正错误。比如，小米边看电视边写作业，妈妈就会说"小米，能不能先把电视关了，把作业写完再看？"而不是像以前那样"快把电视关了！你越来越不像话了"。

当小米意识到自己得到尊重后，他也开始愿意听妈妈的话了，逐渐意识到妈妈的不容易，进而体会到其他人的感受，在学校里小米也不会故作霸道了，越来越受到小朋友的欢迎。

传统的观点往往认为，孩子是父母的附属物，你给他什么就是什么，孩子本身并不存在索取的理由。事实上，并不是这样，孩子有他应得的东西，尊重就是其特别重要的需求。

（1）让孩子自己做主

尊重孩子的每一个选择，给孩子一个自主决定的机会。尊重孩子的权利，就是要征得孩子的同意，让孩子有选择的机会并且在尊重孩子的基础上给予引导，这也是家庭中父母应为孩子负起的一个责任。

（2）对待孩子要平等

平等对待每一个孩子。不管他是怎样的孩子，都应该以一颗爱心去宽容和接纳他。考试成绩差、体育成绩差或者其他地方不如别的孩子，有的家长就在言语中带着讽刺，这样的话会让孩子很受伤。有的家长也搞区别对待，家里两个孩子，一个学习成绩优秀一个成学习绩普通，就对优秀的孩子百般疼爱，这会让学习成绩普通的孩子的心灵受伤，其实，任何一个孩子都是优秀的。

（3）尊重孩子的隐私

"小孩哪有隐私"的想法是错误的，以及"我是他妈，所以可以看他的日记"的想法也不正确。孩子有自己的秘密，很多父母抱着传统的观念，认为自己是权威，对孩子的隐私毫不在乎。举个例子来说，几乎没有几位家长做到了每次进孩子房间先敲门。

任何牵涉到孩子的决定都应该先和他商谈、不要随意翻看孩子的日记、应该尊重孩子的所有权，把他当一个成人一样去尊重，孩子就会以健康的身心成长。

（4）尊重孩子的人格

作为父母一定要尊重孩子的人格，不要把孩子当成自己的私有财产。尊重孩子的人格尊严，是每个父母的责任。不论孩子的大小，他们都是实实在在的一个人，这就是说父母要尊重孩子的人格，与孩子平等相待，保护孩子的自尊心，用欣赏的眼光，鼓励性的话语去真诚而积极地评价孩子。

尊重孩子能够培养孩子良好的人格，有自尊的孩子才能考虑到别人，在与人交往的时候才会替人着想，尊重别人。

4. 引导"自私"的孩子，让孩子学会分享与合作

很多孩子不愿意分玩具给小朋友，不愿意帮助同学做功课，不愿意

借足球给同伴……这些行为都是可以理解的，生活在优越的物质条件下，一直享受好东西，一直得到家长无微不至的呵护，孩子不懂得也不愿意去分享与合作。

女儿小学 4 年级时的同桌叫毛毛，毛毛是个很懂礼貌很文静的小姑娘，她们关系特别好，毛毛来家里做客好几次了。

有一次女儿带着毛毛来家里时，她妈妈正好不在家，我洗好了葡萄给她们吃，女儿却把果盘送到了餐厅桌子上，说自己不吃。

我说："毛毛还吃呢"。女儿说："毛毛也不吃。"

毛毛见状说："叔叔我不吃葡萄。"

我没说什么，女儿和毛毛看电视，我就说："毛毛，你喜欢看《动物世界》吗？这个点正好。"

毛毛立即说她最喜欢看《动物世界》了，电视里正好要开始播放《动物世界》，女儿拿起遥控器换了台，说自己想看最新的电视剧。我使劲瞪了她一眼，她也装作没看见，继续换台。

等毛毛回家后，我问女儿"为什么不给毛毛吃葡萄？为什么不给毛毛看《动物世界》？"

女儿却不理我，我大声说了她几句，她就说："我不想吃葡萄还不行吗？我不想看《动物世界》还不行吗？"

后来，我气呼呼地和她妈妈聊起女儿的自私和不懂事，没想到她居然说原因在我！

原来，女儿和妈妈约好，谁的客人谁自己招待，别人只能提意见，不能"喧宾夺主"。

搞半天，是因为我越俎代庖了啊。

我马上去和女儿沟通，并真诚地希望她以后对爸爸有什么意见可以提，不要憋在心里。

女儿立马晴转阴，抱着我，说："爸爸，对不起，我今天不该那样，毛毛肯定也不高兴了，明天我向她道歉。"

孩子到了某个年龄段，强烈地渴望独立，不希望被人掌控。尤其是在朋友面前，更希望找到做小主人的感觉，这时候的他希望独立地做事，其实并不是因为他内心的自私。

从那以后，我就适当地给女儿权力，让她当家做主，并引导她分享，告诉她一个苹果要两个人吃才香甜。

有一项调查研究，研究者选取一群5~10岁的儿童完成分配糖果任务的实验，研究结果发现：

5~6岁的孩子，倾向于表现得更自私，在试验中把糖果留给自己。他们对分配决定的满意度不依赖于分享。

7~8岁的孩子，比幼儿分享显著多的糖果，但满意度仍与分享无关，平均分配带来的满意并不比不平均分配的多。

9~10岁的孩子和7~8岁儿童的分享数量无明显差异。但平均分配的满意度显著高于不平均分配。

可见，随着年龄的增长，孩子开始变得愿意分享。当然，也有孩子"独享"惯了，一直不愿意分享，吃的东西谁也不给，自己的东西谁也不能拿走，甚至反过来拿别人的东西。

美国儿童教育顾问莎拉·里斯拉夫博士表示，孩子5岁前还无法理解"分享"的概念。然而一些基本规则可以从孩子小时候教起，比如，"玩具大家轮流玩""她先玩，然后轮到你""玩具你不玩了，就让别的小朋友玩吧"。

如果孩子不愿意，那么就可以给孩子限制时间，让孩子先玩10分钟，再让其他孩子玩 10 分钟，让孩子明白，与别人分享玩具不等于永远失去玩具。孩子有时候的自私来自于他怕失去，给别人分享玩具孩子就以为永远失去玩具，所以不愿意分享。通过轮流的方式，能够让孩子意识到分享不会失去，反而会得到更多。

教孩子分享是一个漫长的过程，随着孩子年龄的增长，家长应时时给孩子灌输"分享"的理念，比如把东西让给年龄更小的朋友会很快乐，给孩子讲关于分享的故事典故。家长要一步步来，逐渐提出分享的建议。

不能强迫孩子分享，可通过提议和鼓励让孩子学会分享。孩子不愿意分享手中的物品，家长强迫分享会让孩子感受到委屈。真正的分享是孩子主动的，并能够发自内心地感受到分享的快乐。

家长应当首先为孩子树立一个好的榜样，比如说拿了好吃的东西先分给家中其他的成员，有什么快乐的事情说出来和家人一起分享；在外面碰见邻居拎太多东西时，主动上前帮忙，家长做其他事情时候，也应注意让孩子感受到父母在分享。

家长要多带孩子出去玩，或者邀请别的孩子来家里玩，为孩子创造与其他小朋友相处的机会，让孩子在游戏中学会分享与合作。家长们可以引导孩子多参加一些过家家、老鹰抓小鸡等集体性强的游戏，告诉孩子，霸道、自私会让游戏进行不下去，在快乐的情绪下，孩子很容易就学会分享。

我国教育家陈鹤琴先生说过："随便什么事，你要小孩怎么做，做什么样的人，学什么样的事，求什么样的知识，研究什么样的问题，你要有一个法宝——鼓励。"在孩子做出分享行为后，家长们别忘了及时给孩子送上鼓励和赞美。

懂得与人分享与合作的孩子在将来肯定能收获更大的成功，懂得分享的孩子也最容易获得快乐和好人缘，在教育的黄金期教给孩子分享是家长刻不容缓的责任。

5. 教孩子学会欣赏和赞美他人

一次妻子出差，做饭的任务就落在我头上。

一大早，我就去市场买了几样新鲜时蔬，搭配好了做成午饭。

女儿来到餐桌边就说道："哇！好漂亮的菜，一定很好吃！"

吃了几口后，女儿又说："真的很好吃，技术比老妈还强，你最近没少偷师吧？"

其实，饭菜挺简单的，就是平常的青椒炒肉片，西红柿炒鸡蛋，女儿能这样说，真的令我很高兴。

我得意洋洋地打电话给妻子，妻子笑着称赞女儿嘴巴越来越甜。

孩子的赞美能力是很重要的，这首先代表着孩子去用心理解对方、感受对方了，发现对方的优点了。培养孩子懂得赞美别人的美德，要从小进行培养。在孩子 3 岁稍前开始感触这个世界时，家长就要培养孩子对于美好事物的感知能力，比如颜色绚丽的图片，模样可爱、毛茸茸的玩具，以及其他能给孩子的视觉听觉产生美好刺激的物品，在孩子感受这些物品之时，向孩子讲述这些东西美在哪里。

如，"宝宝你看这张图片多好看，里面的山水多美呀。""宝宝你看这个维尼熊多可爱，它想要抱着你。"孩子会逐渐理解家长口中的"美""漂亮""优秀"等是什么样的。随着孩子的生长发育，社会交往不断地扩大，生活经验不断积累，在家长的帮助下应该开始让他对家中的人和接触的外人的优点进行赞扬，例如，让孩子对奶奶说"奶奶做饭多累呀，我亲亲奶奶！""奶奶做的饭多香呀，谢谢奶奶！"对邻居家的小姐姐说"小姐姐的衣服真漂亮！"

家长要首先时时赞美别人，孩子才能跟着效仿。尤其是家长对自己孩子的赞美不能缺失，教孩子学会欣赏和赞美，首先得让他欣赏和赞美自己。有些家长总是吝啬他的赞美，孩子做得不好就大声责骂，做得好也没有过多的表示，似乎那是孩子应该做到的，似乎仍旧不满意似的。当孩子拿着自己制作的工艺品兴冲冲地向家长跑去，而家长连句"做到很不错"这样的话也没有，实在是太打击孩子了。

年幼的孩子或许体会不到这一点，只要父母常说"你真棒"就会高兴好半天，而当孩子渐渐长大之后，"你真棒"这种流于表面的夸奖并不会仍有效，孩子会判断这并不来自父母的内心，在这种时候需要我们对孩子做的事情进行具体的表扬，比如，"今天运动会，我看到你跑得非常疲惫了，但是你仍旧坚持到最后，我很骄傲"。

这样针对孩子做出的具体事情的赞许，不仅可以让孩子更加努力地保持这些优点，还会让孩子认为你的赞许经过了仔细观察，对他们非常关注。在生活中，如果家长经常赞美孩子，或在孩子面前赞美周围的人，孩子也会在潜移默化中学会真诚地赞美别人。

一位家长与孩子发生了如下对话：

"孩子，老师给我打电话，说你想要调换座位，不跟同桌坐在一起了。"

"是啊，我讨厌他。"

"你说说为什么讨厌同桌。"

"同桌长得不好看。"

"孩子，咱们换一个角度想，你的同桌有哪些地方值得你欣赏？"

"我想想……他呀，他数学总是拿冠军，我真羡慕他！"

"你们班上，学习成绩最差的同学，有没有优点？"

"每次都拖后腿，没什么优点……可是，好像也有，我们运动会时，他跑全年级第一名！"

"你看，是不是每个人都有优点？你能发现你们班上每个同学的优点，然后再欣赏他们、赞美他们！他们就都会愿意和你做朋友。"

通过逐步正确地引导，孩子会开始用欣赏的眼光看别人，自然而然地就会发现别人值得赞美之处。家长要鼓励孩子把赞美之词说出来，别让孩子觉得不好意思，而是把赞美当成生活的一部分，所以家长平时里对孩子、对他人的赞美可以潜移默化地让孩子明白赞美可以让别人快乐。

一位哲人曾经说过"赞美和微笑，是你拥有良好人缘的两张通行证"。家长如果想让孩子长大后能很好地与人沟通，会得体地表达自己的心声，就从小培养孩子赞美的能力吧。

6. 让孩子爱上邀客和串门

女儿小时候胆子小，家里有客人的时候就躲在卧室不出来，要么就躲在我的背后弱弱地叫人，远远地打量客人，如果把她抢拉到客人面前，女儿就哭个不停，客人也很尴尬。

一次，家里来了大小五个客人，一时忙不过来，我就叫女儿帮我把水果端出来。女儿平时本来就喜欢帮我们做事，所以很习惯地端了水果到客厅，把水果摆出来后，客人借着这个机会同她攀谈时，女儿虽然有些害羞，但还是和客人有了互动，没再躲起来。我很欣喜地看在眼里，知道改变女儿胆小的机会来了。

后来，每次我在客人到来的前一晚，就跟女儿商量着说："客人来了，能不能帮爸爸妈妈做一些事情。比如，带小客人玩玩具，还有帮客人递拖鞋，爸爸真的很需要你帮忙，你上次做得很棒，爸爸心里想，多亏有了女儿啊，我才能招待好客人。"女儿听后用力地点头。从这以后，家里再来客人女儿都表现得非常好。

我还鼓励女儿邀请同学来家里做客，每一次她带同学来，我都会尽力招待。有时候女儿也会去同学家做客，只要路途不远，我基本都会答应。因为在人际交往中往来做客是必不可少的，孩子的思维里有一种"领地"意识，会认为自己家就是自己的"领地"，不允许外人进入。孩子既要能邀请别人到家里，也能在别人家彬彬有礼。

现在的城市家庭绝大多数是独生子女，住在一个单元楼中互不来往、互不相识的人很多，如果亲戚不多的话，孩子的人际交往面会非常局限。因此，在周末或假期，家长要鼓励孩子多邀请小伙伴来家里做客，或是去小朋友家串门。

改善孩子不自信、自我封闭性格，就需要鼓励其他孩子到家里来玩。原因是因为在自己家里放松的环境下，孩子会变得自信许多。到别人家做客做一个懂礼貌的孩子也是非常难得的。

如果孩子比较胆怯、自卑，家长可以鼓励孩子邀请一些孩子来家里玩，因为孩子在自己家里能放开，相对不会那么胆小。家长要为孩子们准备一些玩具和食物，还要告诉自己的孩子如何做好小主人，这样可以培养孩子的责任感和与人相处的积极性。

如果孩子把伙伴邀请过来后，每次他们都能玩得开心，那么孩子就能从这种相处中体验到交往的快乐，感受到朋友的重要性。这样就能激发孩子的交朋友的主动性和待人的热情，使孩子渐渐走出胆小怯弱的心理障碍。当然，孩子当好了小主人，他很快就会受到伙伴的邀请，这样他就要走出家门，到伙伴家、同学家去串门了。

严妈妈的儿子总是对人爱答不理的，喜欢一个人待着，家里来了客人也闷不作声。后来，严妈妈鼓励儿子邀请客人来家里玩，看着儿子交往能力有所提高，严妈妈开始鼓励儿子去邻居小朋友家串门。严妈妈也会抽空陪儿子去邻居家走动，等儿子与邻居家的小伙伴玩起来了，她就借故跟儿子打招呼回去，让儿子一人在那里玩。一次，吃过晚饭，严妈妈对儿子说："你去明明家玩玩好不好啊？"通过这种方式，严妈妈的儿子跟小朋友们迅速地熟悉了起来。

家长有空的时候可以和孩子一起去亲朋好友及邻居家串门，等孩子胆量变大了，就鼓励孩子独自去串门。在孩子出门之前，要教他一些礼貌用语和礼节。比如，见到主人要大大方方地问好；要礼貌地回答他人提出的问题；别人给自己东西吃，或给自己玩具时要说谢谢；没有主人的允许不能随便动别人的东西；大人说话的时候不要吵闹或干扰；和主人家的小朋友友好相处，不能损坏的玩具等等。这样，孩子才能受到人家的欢迎，才能玩得更开心，才能交到好朋友。

无论是在自己家里，还是在串门的时候，都要让孩子学会礼貌、谦让、热情友好。对于比较内向的孩子，父母不能太苛求他们。要慢慢引导孩子打开心门，善于发现孩子的进步，给孩子表扬和激励。

对孩子来说，去别人家串门是一件有趣的事情，孩子可以从中学到一些社交礼仪及待人接物的方法，可以从别的小朋友那里学到一些新的游戏形式、学习怎样与陌生人很快相识相处。

邀客和串门犹如礼尚往来，如果你的孩子学会了热情地邀客，并善待客人，那么他自然会受到小朋友的热情相待。在孩子小的时候就要着力培养孩子独自社交的能力。能邀请别人来家里做客，也能在外面跟孩子们打成一片，这样的孩子总是会有好人缘。

7. 给孩子自己解决冲突的机会

一位家长给我讲了自己孩子小林的一件事。上小学 3 年级的小林，最近几天回到家都很沉默，妈妈追问了好多遍，小林这才表示，班主任生病请假，来了一个代课班主任，小林和班上的阿文关系很好，但是阿文很调皮，趁着代课班主任讲课时，故意喊出原班主任的绰号。几天后班主任回来后，追问是谁给老师难听的绰号，小林站起来表示是阿文干的。从那天起，阿文就不再理睬小林，还带动很多同学排斥小林。

妈妈平时教育小林正直勇敢，没想到儿子却遭到同学排挤，于是想找老师谈谈情况，小林却坚决不同意，表示这件事要是让老师知道，自己就没法去上学了。在孩子的世界里，矛盾、冲突、交朋友等等都是他们自己的事，有大人来插手会让孩子很没面子。偏偏有家长看到自己的孩子"受欺负"了就不依不饶，这样的做法进一步地拉大孩子与同伴的距离。

所以，小林这件事最好的解决办法，就是让小林自己去解决。解决成功的话，将会给小林带来诸多益处，这意味着小林开始懂得调节与他人之间的关系，懂得化解冲突的方法，这对小林日后的成长意义重大。

孩子的黄金教育期，正是培养孩子解决问题能力的时候。如果不想孩子日后凡事都要依赖自己，家长就要给孩子自己解决冲突的机会。

一个孩子回家后气冲冲地扑在爸爸的怀里，说："爸爸，诚诚又打我！"这是孩子第二次告状了，爸爸也清楚诚诚在做游戏的时候喜欢用力去拍同伴的肩膀，用作打招呼或者表示开心，而自己的孩子却以为诚诚在攻击自己。这位爸爸意识到，孩子要跟诚诚重修旧好，就不能一味地顺着孩子说话。

爸爸说道："他拍你肩膀你不喜欢，是吧？"

孩子回答："我不喜欢。"

"那你不喜欢他拍你肩膀，你告诉他了吗？"

孩子摇摇头。爸爸又说道："诚诚喜欢跟你做朋友，你不喜欢他这么做，你就直接告诉他，你让他知道你不喜欢他这样，他就会明白你的意思。"

孩子点点头，回到学校后与诚诚沟通后，诚诚再也不拍他肩膀了，两个人又在一起愉快地玩游戏了。

在孩子之间发生冲突时，不要主动介入其中去成为评判是非的法官，要相信孩子并为他们提供机会，让他们自己解决冲突。家长可充当一名引导者适时介入，这样不仅能平息冲突，还可以促进孩子社会交往、道德判断、语言表达等一系列与社会性有关的能力的提高。

冲突是孩子自我成长的黄金机会，家长要相信孩子解决问题的能力。给孩子提供自己解决问题的机会，不仅有利于让孩子形成正确的价值观，还有利于提高孩子的口语表达能力。细心的家长会发现，孩子在解决和同伴的冲突时，会说出许多似是而非的道理。孩子虽然年龄较小，但有了一定的道德准则和美好的情感。他们之所以发生冲突，主要是因为开始都认为自己有理。

孩子已经有了简单的是非判断能力，这需要大人给予机会让其表达出来。孩子之间说话永远都是没有隔阂的，更加容易沟通，所以让孩子自己去处理自己和别人的冲突是再恰当不过的了。

在孩子面临冲突时，家长要遵循以下几条原则。

（1）孩子发生冲突，不要武断论定是非对错，而是要耐心听孩子解释。

（2）不要一味地庇护自己的孩子，家长要做的是帮助孩子战胜冲突带来的挫折，而不是替孩子讨回公道。

（3）如果孩子经常与他人发生冲突，请不要断定孩子品德不好，要在实践中纠正孩子的错误行为，教会孩子一些交往技巧。

（4）不要因为孩子经常受"欺负"，就把孩子保护起来，要鼓励他们多与同伴接触，当孩子受到不公正待遇时要支持孩子，不要责怪孩子懦弱。

（5）别轻易把自家孩子定位为"受欺负"的对象。孩子之间出现小冲突、误会是常有的事，有时是打闹时尺度大了伤了和气，不存在谁总是被欺负的问题。孩子们总是今天吵一架，明天又玩到一起去了。

家长如果告诉孩子："你受了欺负。"为孩子"被欺负"找老师、找学校，会让孩子觉得小冲突是一件很严重的事，同时也是在说明自己"弱小"，弱者才会受欺负，可能导致孩子变得自信不足，更缺乏解决与同学之间的小矛盾、小冲突的能力，事事依赖大人的"保护"。

孩子与同伴发生冲突时，家长不必紧张，告诉孩子该道歉就道歉，该握手言和就握手言和，让他们自己处理。如果孩子真的处理不好，家长再介入，并给予示范姿态，交给孩子处理冲突矛盾的方法。

8. 孩子的好朋友说不和他玩了，如何开导

有些孩子在学校可能会遇到受人排挤的情况，比如，最好的朋友突然不跟他玩了，心里很烦闷，不知道如何解决，只好跟家长哭诉。女儿也遇到过这样的事情，那天放学回来就说再也不上学了。我以为是考试考砸了，细问才知道，是她们几个女生之间的矛盾所致。

女儿说，她和菲菲是好朋友，俩人一起吃饭一起写作业，菲菲告诉女儿在班上就她们俩做朋友就好，不用理其他人。女儿喜欢交朋友，结果菲菲就不跟女儿玩了。女儿既不想放弃班上的朋友，也不想放弃跟菲菲的友谊，就想到了退学，大不了谁都不见。

我哭笑不得之际，也明白这事尽管在大人看来很搞笑，其实对孩子来说却意义重大。所以我先开导了女儿一阵子，女儿还哭着说她起了和菲菲2年级时一起郊游的场景，我告诉女儿："朋友之间分分合合是正常的事，而且很快就又能和好了，你得跟菲菲谈一谈，她也舍不得你这个朋友啊。"

第二天，女儿带着特意准备的零食，找到了菲菲，两个人和好如初，菲菲也融入更多的朋友之间。我问女儿是如何解决的，女儿表示自己把零食递给菲菲，说："菲菲这个零食很好吃，我特意拿给你的，你别生我气了，你看她们玩得多开心啊，咱俩也去玩。"

很多父母一听到孩子被孤立就本能地觉得是对方的错，这是不对的。孩子年幼，表达能力和理解能力有限，并不能很好地描述事实，因此家长在未弄清事实之前不要给孩子贴上一个"被孤立""不受欢迎"的标签，这不利于孩子的心理发展。家长要耐心地听孩子讲完事情的来龙去脉，更要以耐心倾听孩子倾诉，不要急着评判，听孩子倾诉也是一种安慰。

据《每日科学杂志》报道，一项对美国中西部 380 名 5~11 岁孩子的研究显示，长期被同学抵制、排斥的孩子，更有可能对学校的各种活动采取消极态度，这会造成一种恶性循环，给受害学生带来长期的心理创伤。

韩国著名影星金喜善与企业家朴周英结婚，并于 2009 年生下女儿朴妍雅，婚后生活幸福。然而金喜善也曾坦言女儿曾在幼儿园时被排挤，这让她相当心疼。连著名影星的女儿都有可能被孤立，可见孩子有时候被排挤被孤立的现象是普遍存在的，家长必须要引起重视，但是应对的方法要巧妙。

亚里士多德曾经说过"人是社会的动物，因此，人不可能独立于社会而存在。"孩子必须在与他人的交往中，才能完成社会化过程，使自己逐渐成长。研究表明，性格孤僻、不爱交往的孩子在知识范围、语言表达、人际交往等方面均明显比合群的孩子差，合群的孩子因为比较热情、活泼、大胆、勇敢，很容易在集体中获得好人缘。

如果不想孩子从小就被孤立和排挤，那么就要在教育中先培养孩子懂得融入集体。鼓励孩子多参加集体活动，是增强孩子对外交流能力的好方法。很多家长为了孩子有个好的学习成绩，就限制孩子与人交往，尤其反对孩子与那些学习成绩不好的孩子来往。这样就使孩子与人交往的机会减少了很多，连一些令人愉悦的集体活动也会错失。

当家长意识到孩子被孤立，或者孩子与最好的朋友闹矛盾时，应让孩子学会处理孩子的紧张、焦虑和失望的情绪，让孩子有安全感，知道有人理解他、支持他。家长可以给孩子一个温暖的拥抱，多说鼓励的话，让他们感到自己并不孤单。这些拥抱和温暖也可以使刚进入新学校的孩子不至于产生被抛弃的恐惧。

平时，家长应当强化孩子身上优秀的方面，平时增加其自信心，多鼓励赞扬他，让他逐步形成良好的自我意识，让他在潜意识里认识到他是好孩子，他聪明能干，老师喜欢他，爸妈喜欢他，同学们喜欢他，他今后要干大事。有了这种强烈的自信心，这种偶然发生的挫折自然不会给孩子造成什么不良后果。

儿童心理学家说过"如果孩子有某个方面的特长，就一定要给他们机会展示他在这方面的天才，这对他们的交友很重要。"家长可以制造机会为孩子展示自己，如邀请一些同学到家中做客，帮助孩子报名学校的晚会节目，把孩子的优点展现给同学看，这样建立起强大的自信后，孩子在面对被孤立时会更加从容。

/ 第十一章 /

好的学习习惯要在孩子 12 岁之前养成

1. 停止威逼利诱，让孩子为自己学习

很多孩子对学习缺乏兴趣，不知道为了什么而学习，一捧起课本就开始犯困。于是，为了让孩子用功读书，很多家长采取简单粗暴的威逼利诱的方式。

有位脾气暴躁的爸爸，对孩子实行严厉教育，平时舍不得骂孩子一句，但是一旦孩子成绩不好，就会动用体罚，孩子被打得嚎啕大哭，这位爸爸也疼在心里，可是他认为只有这样严厉地惩罚孩子，将来才能考上大学。

随着教育水平的提高，这种打骂孩子的体罚现象越来越少，不过依然存在于少部分的家庭中。我想说的是，打孩子让他怕你，可能暂时有用，孩子用功学习一段时间，但下次成绩不好还要打孩子吗？每一次都打孩

子，会对孩子的心理、身体造成极大的负面影响，多少个倔强的孩子对打人的父母心存恨意，这并不是我们追求的家庭关系。

很多家长也都知道打骂孩子这条路走不通，又随着生活水平的提高，就开始走另一条"利诱"的道路。在一次期末考试的前几天，一位亲戚到我家里做客，闲聊中，她和我聊起孩子上学读书的事来。这位亲戚表示自家孩子正在读小学 5 年级，但是特别顽皮，非常不喜欢读书，每天都要监督才能完成作业。

亲戚为了教育孩子操碎了心，反复跟孩子强调学习的重要性，孩子总是点头敷衍。聊天中亲戚兴奋地告诉我，现在孩子对学习比以前上心了。我便问用了什么办法。亲戚回答我说，为了让他好好学习，我给他做出承诺，只要他在期末考试中考出好成绩，就给他买一个平板电脑作为奖励。

听完这话，我告诉亲戚这样的做法并不能行得通。我表示：如果你兑现了这种承诺，也许能在短时间里起作用，但是，这将使孩子对物质奖励形成某种依赖心理，这对他今后的学习是很不利的。这次奖励一个平板电脑，那下次你又要拿什么来奖励呢？难道要一次又一次地满足孩子的无理要求吗？用奖励维系孩子的学习太不稳定，哪一天孩子选择不要奖励，就是要玩，家长就会没辙。

亲戚不以为然地表示，只要孩子学习成绩能提高就好，能端起课本读书就好，暂时管不了那么多。果然，期末考试后，孩子成绩有提升，也得到了平板电脑，然后孩子就不学习了，开始沉迷于平板电脑里的游戏。这位亲戚又来找我诉苦：现在给什么奖励他都不要了，天天就玩游戏，眼看着成绩又下滑了，可怎么办。

这就是用威逼利诱驱使孩子学习的负面结果，孩子只把学习当成一种手段，为了不挨打，为了得到奖励，而不是为了学习知识，自然在学习态度上差很多，一旦对奖励失去耐心，孩子就又会放下学习，威逼利诱终究不是长久之计。

可能有家长会问：那孩子考了好成绩，难道还不能奖励了吗？女儿学习成绩有提高，我会给她奖励，我会给她烧一道新学的菜品，或者给她买一件新衣服，带她去远处的大公园玩，但是我从来不会提前告诉她“考到第一名给你买……”，而是发了成绩之后，我表达对女儿的赞赏，给她奖励，让她知道这是我的认可。这种奖励女儿很是高兴，因为这毫无功利掺杂，女儿考得差了，噘着嘴要掉眼泪，我还要哄她开心。

家长会羡慕那些爱学习的孩子，作业不用人催，上学不会迟到，总是坐在书桌前在读书。想让孩子如此，首先得让孩子真正爱上学习，孩子才能为自己学习。而帮助孩子找到学习的乐趣，找到读书的兴趣，才是让孩子爱上学习的方法。

一些家长总是不厌其烦地告诫孩子学习的重要性，什么以后要找好工作，考名牌大学，这些都离6~7岁的孩子太远，他们还意识不到十几年后的事情。家长不断地给孩子买练习题，报补课班，给孩子增添许多压力，这甚至会让孩子对学习产生厌恶，到那时就更难让孩子好好学习了。

对于学习一事，需要孩子自己去感受和领悟，家长照本宣科讲大道理，孩子很难听进去。家长首先找到孩子的兴趣方向，有的孩子喜欢写作文，有的喜欢背古诗词，有的则喜欢解图形题，完全可以从孩子喜欢的方向入手，引导孩子逐渐找到学习的乐趣，然后家长再逐渐帮助孩子将兴趣扩展到其他学科。这一过程中家长要给予孩子很大的耐心和支持，家长的支持将会转化为孩子的精神动力。

当孩子真正爱上学习的时候，就会自主学习知识了，即便孩子对学习提不起太多兴趣，家长也不可做强迫的姿态，以免伤了孩子的心。一般来说，在3~10岁之间，孩子爱学习的品质差不多是能够培养出来的，只要教育得当，就没有不爱学习的孩子。

2. 在一二年级养成上课认真听讲的习惯

孩子在低年级时表现的学习习惯将影响日后十年的学习态度。孩子在小学一二年级的时候，学业没有那么重，所以在这一阶段应该重点培养孩子的学习习惯，尤其是要养成上课认真听讲的习惯。

孩子学习的持久性和注意力的集中程度总是有限的，一节45分钟的课很容易走神。常听到家长跟我说："我家孩子聪明活泼，就是上课的时候，不爱听讲。"当天的知识点就没有掌握，低年级时凭借着聪明劲能维持成绩，高年级时，每一科老师每一天都讲1~2个知识点，课堂知识没学好，课后做作业有困难，考试成绩就下来了。

有一次，我想了解一年级女儿上课的情况，就站在走廊上偷偷地瞅里面的女儿。只见她人虽然端正地坐在椅子上，但是一会儿仰着头，一会儿掏掏课本，一会儿把手伸进课桌不知道在找什么，又转头看看其他同学。

回家后，我问女儿："上课的时候在想什么？"

"没想什么呀。"女儿这样回答我。

我知道需要对女儿的学习习惯进行干预了，于是我先给老师打了电话，让她在课堂上多关照女儿，叫女儿站起来答题，让女儿不敢开小差。

我又找女儿谈话，告诉她学习是一件长久的事，又给她讲寓言故事，启发她做事认真，不能三心二意。这样还不够，我还从外部环境上减少吸引女儿注意力的东西，花了很长时间，女儿才慢慢养成了上课认真听讲的习惯。

有些家长经常说："小学一年级不用管，随便学都会。"的确是这样，现在的小孩都聪明伶俐，一年级期末考试考"双百"的学生有一半人之多，95 分左右也有很多。分数上的差距，确实相差不大；但教育不是短视行为，如果家长在课堂里上一堂课，就会观察到有些孩子格外认真，腰板挺直，眼睛紧跟着老师，他在学习、在思考，有些孩子则东看看西看看，脑袋里不知道在想什么东西——这种学习习惯的差异，在三年级以后立刻就会显现出来。

到那时，家长可能会斥责孩子"二年级的时候学习还排名前列，怎么三年级的题就不会做了？是不是偷懒没认真学？"其实这是因为孩子学习习惯没养好，孩子在课堂上习惯开小差了，要让他改回来需要付出很大努力。

上课认真听讲是一件说起来容易，做起来难的事。尤其是对于低年级的孩子来说，好动是孩子的天性，这个年龄段的孩子，注意力极易分散，能够让他们连续保持 5 分钟的专注就很优秀了。然而，一旦孩子养成认真听讲的好习惯，将会终身受益。

家长可能会说，孩子在家学习能管着，到了学校没办法管，何况班里几十个同学，老师也不可能面面俱到。尽管孩子远在学校，家长仍可以帮助孩子养成好习惯。

（1）不让孩子带任何杂物到学校

一二年级的孩子最喜欢带着玩具、零食去学校，有些家长为了让孩子乖乖上学甚至会主动让孩子携带。可爱的玩具就放在课桌里，孩子又怎么能专心致志听讲。孩子带着这些东西去上学，即使上课时不敢玩，也会让他心有杂念。

（2）听讲姿势要端正

孩子在家时，家长要有意识地端正孩子的坐姿，比如，吃饭的时候，要告诉孩子坐有坐像，要求孩子端正地坐好；不要让孩子有托下巴，跷二郎腿的习惯；不要像坐太师椅那样或者斜着身子。孩子养成良好坐姿的习惯后，在课堂上也会继续保持下去，这有助于孩子专心听讲，不至于被不好的姿势分神。

（3）笔一定要握在手中

笔握在手里，孩子可以随时记笔记。对于高年级的学生来说，做笔记变得越来越重要了。除了做笔记以外，还有一个原因是因为有老师做过一些简单的测试和观察，发现很大一部分学生不握笔的时候非常容易走神。

（4）眼睛跟着老师走

想要孩子集中注意力，一心一意，怎么做？眼睛和大脑要跟着老师行动。老师叫你看书，你就看书，叫你思考，你就思考。不要和同学交流，有问题自己先圈出来或者备注一下。和同学交流不仅打断自己也打断同学听讲，还干扰上课秩序。

眼睛跟着老师走，能感觉老师时刻在与你交流。这能很好地集中注意力，也能提高听讲效率。你若走神，老师其实是能看得出来的，负责任的老师就会提醒学生。

3. 孩子写作业磨蹭怎么办?

孩子写作业磨蹭,是很多家长头疼的难题。作业明明很简单,十分钟就能做完,孩子能磨磨蹭蹭地做一个小时;或者总是在临睡前开始赶作业,作业永远都写不完。

女儿在2年级的时候作业量增加了许多,她变得很烦躁,不想做作业,所以总是拖着。跟许多孩子一样,女儿写一页纸磨磨蹭蹭好半天,一边做一边东看西看。我深知这种学习习惯养成可就糟了,必须对女儿写作业进行干预。

最开始的2个月,我每天都查看女儿的作业内容,估算一下作业时间。一项可以在15分钟内完成的作业,我给20分钟时间,到点无论写完没写完,我来收作业本。如果女儿摆出各种没写完的理由,理由不合理我就不会让她继续再写。我想让女儿到学校用没写完的作业面对老师,当然,我会给老师打电话提前沟通,告诉老师女儿的作业情况,以及为什么没完成。

这样两三次后,女儿便知道没写完作业的后果,不再侥幸拖拉。随着女儿良好习惯的养成,我不会每天都检查她的作业,我会给她信任,同时也是为了让老师检查出女儿作业中的错误,发现女儿潜在的问题。我会每周一看看女儿的作业情况,着重梳理女儿学业中的重点和难点,有哪个知识点没搞明白,就把小黑板拉来,随手出几道类似的题目给女儿讲解一下,通常只花费5分钟就解决了女儿的问题。

孩子写作业磨蹭,是否要监督并不一致。家长的监督会给孩子很大压力,效果也不一定好。我绝不会坐在孩子身边瞪着孩子写作业。当她有疑问可以要求协助，但不能不会一个字就来问一个字，我会要求她把一项作业写完后，统一来问。有些孩子在睡前也没做完作业，家长就会让其熬夜补完作业再睡。这样的做法倒不如让孩子先睡觉，没写完作业的后果让他自己去承担。

总的来说，孩子做作业慢并不仅仅是孩子注意力不集中，以下几个原因都会造成孩子作业拖沓。

（1）孩子不会写，所以写得慢

这是一个被家长忽略的原因，孩子知识没学扎实，解题能力还不到位，家长又不耐烦，孩子会对学习逐渐产生畏难心理。很多题目不会做，家长还一味地让孩子迅速地做完作业，孩子只能选择胡乱填写了。

所以，在孩子写作业之前，要帮助孩子对学习内容进行巩固，然后再写作业，做一个巩固，同时这也是一个良好的学习习惯培养。

（2）孩子注意力不集中

很多孩子写作业时效率很低，所以导致写作业很慢，这可能是因为孩子注意力不集中。孩子受到外界干扰，就容易分神，比如街上车水马龙，家长在旁边看电视等，都会打扰到孩子。

家长可以替孩子消除掉外部环境的干扰，提升孩子的专注力。同时，每周和孩子制订计划表，然后严格按照时间表来执行。这个过程可以设置一些奖惩措施，一旦孩子的速度、专注力等有所提升，就马上鼓励，给予孩子正向反馈。要注意的是，这里说的严格遵守，不光是对孩子，家长更要严格遵守。除极特殊的原因外，不要布置计划以外的作业，否则孩子就会认为反正写完了也会有其他作业而习惯性拖延。

（3）孩子追求完美

有些孩子有"追求完美主义倾向"，这种倾向可能是家长要求孩子事事完美，事事做到最好，放大孩子的小毛病造成的。这种完美主义倾向的孩子不允许自己的作业、作文中有一点不完美，有一点瑕疵就要用橡皮修修改改，不停地擦来擦去，也就耽误了写作业的进度。

面对这种情况，家长不能指责孩子，要用鼓励的方式教育孩子。比如，孩子能够尽量少用橡皮就对孩子进行夸奖。甚至可以收走橡皮，经过一段时间的强化训练，孩子依恋橡皮的坏习惯会逐渐得到纠正。

（4）孩子不会管理时间

对时间没概念的孩子总是写作业磨蹭。玩10分钟就去写作业，孩子可能会玩两个小时，他自己一点也不着急。解决的办法只有一个，就是给孩子自己管理自己时间的自由。让孩子为自己每天的学习和生活订个计划，什么时间做什么事情，写下来，并每天监督自己完成的情况。

如果孩子年龄太小，那么家长就可以先给孩子制定时间，帮孩子做好完成每一件事情的规划，做作业时指导孩子先解决最难的一项，然后再做相对轻松的，并且，一定要给孩子留下自由支配的时间，让孩子打一会儿游戏，或者进行一会儿体育锻炼等，做一些孩子喜欢做的事情。养成这样的习惯以后，孩子就会抓紧时间完成作业，因为他想要自由地支配自由的时间。

面对孩子作业磨蹭，家长不能急躁地批评，要找到问题的本源。对孩子及时完成作业做出表扬，激发出孩子的内在动力，能够很好地帮助孩子养成认真作业的好习惯。

4. 鼓励独立思考，养成勤于动脑的习惯

孩子是否具有独立思考意识和能力，关乎孩子未来取得成就的大小。我们看到那些有所成就的大科学家、哲学家，都是从小就有独立思考能力，凡事都肯动脑筋，不断地开拓思维，最后取得了巨大的成就。

上了小学的孩子，会接触到更多的学科，如音乐、美术、自然等，孩子自然而然就产生疑问"天上为什么会打雷""为什么黄色加上蓝色会变成绿色"等等。孩子遇到此类问题，就会询问家长，而一些家长总是直接把答案告诉孩子。这其实对孩子的独立思考能力是一个打击，因为孩子并没有经过任何琢磨便得来了答案，下一次再有疑问时还会继续询问大人。

我给女儿新买了一套颇具难度的数学题册，女儿第一次做时碰到好几道不会做的题，便喊道："爸爸快来帮我，这道题我不会做！"我听后便赶过去，告诉女儿如何解题，女儿也认真地听着。

三番五次之后，我想到：不能再这样完全由我解题了。在女儿又一次求救后，我说道："女儿啊，你先自己想解题思路，这套题虽然难，但也是出自教材，知识点还是那些，只是题型有变化。"

女儿思考了一会儿还是不会，我继续启发道："多久做完都无所谓，你现在回想一下上课时老师都讲过哪些重点，再把题干阅读几遍。"十分钟后，她眼前一亮，想到了解题方法，她还兴奋地向我展示。从此以后，女儿在遇到难题时，会自己查资料、找同学一起做，很少再向我和老师开口询问了。

孩子有惰性心理和依赖心理，有不会的、不懂的问题，直接找家长。

有一些家长很不耐烦孩子问来问去的，就直截了当地告诉孩子答案，并告诉孩子："不要再来烦我。"这极大地扼杀了孩子的好奇心，孩子有好奇心才是能独立思考的基础，如果对某些问题丝毫不感兴趣，又谈何思考呢?

保护孩子的好奇心尤为重要，在教育的黄金期，家长要主动挑起孩子的好奇心，多问孩子问题，并鼓励他自己寻找答案。比如，孩子日常里画画、玩水、拆卸电器零件时，家长可以引导孩子去探寻为什么水可以浇花，为什么电机转动电器就会工作，为什么世界上的绘画有那么多流派……

家长要适时的刺激孩子的求知欲。从多方面、多渠道培养孩子的学习兴趣，把学习变成一个富有情趣、丰富多彩的过程。家长也可以在空闲的时候带孩子到博物馆、图书馆，带孩子到大自然中去，引导孩子认识事物、研究事物，让他对周围的事物产生兴趣和热爱，渴望得到知识。家长还用讲故事、猜谜语、课外阅读的方式帮助孩子掌握积累知识。

家长培养孩子独立思考的方法如下:

(1)不要直接给孩子答案

高明的家长面对孩子的问题，告诉孩子自己寻找答案的方法，启发孩子运用自己学过的知识和经验去寻找答案。当孩子自己得出答案时，他会充满成就感，而且会产生新的学习动力。

(2)让孩子经常处于问题情境之中

当孩子提出问题时，家长要跟孩子一起讨论问题，家长的积极主动对孩子影响很大。特别是家长弄不懂的问题，可通过请教他人、查阅资料、反复思考获得圆满答案，这个过程最能提高孩子的思维能力。

（3）跟孩子一起收集开动脑筋的故事、游戏

动脑筋的故事和资料很多，有的是真人真事，有的是寓言故事，有的是科普性读物。家长和孩子共同收集、整理，空闲时间翻阅这些资料，讨论感兴趣的问题。包括脑筋急转弯、魔方这些都是很不错的智力开发工具，玩什么不重要，重要的是让孩子养成凡事先思考的好习惯。

（4）引导孩子一起讨论

家长应引导孩子并与孩子一起共同讨论、设计解决问题的方案，并付诸实施。这个过程需要分析、推理、归纳，需要设想解决问题的方法与程序，这对于提高孩子的思维能力和解决问题的能力大有帮助。

独立思考的品质在人的一生中占据着十分重要的位置。如果孩子拥有独立思考的能力，就会善于发现问题，能够通过思考、分析找到答案，才会取得好的学习成绩。而孩子长大后，因为有独立思考的习惯和品质，他的视野会比别人宽广，思维也会更加缜密。

5. 小学阶段的学习重要还是养成反思的习惯重要

在教育的过程中，孩子会犯错，家长说教半天，孩子一转身全忘了，继续犯错。这就是因为家庭教育中的"反思"被家长忽略了，凡事只顾着灌输式教育，给孩子说教了事，孩子却并没有真正认识到错误所在。

人的自我反思能力是非常重要的。如果孩子养成和适应了反思能力，那么代表孩子学会了一项适应社会的重要技能。一个懂得经常反思的人，无疑是走在趋于完美的路上的人。

孩子做错事了，家长不要一味给予指责甚至打骂，而要以关心、冷静的态度对待，可以先倾听孩子的解释，再给孩子指出这样做是错的，并相应教导如何才是对的，在对与错之间对比，让孩子懂得这事件的对与错，进而自我反省并认识错误。惩罚执行前或后，大人必须得对其讲解对与错之所在，帮助孩子进行总结经验教训，使之不断进步。

孩子的心智尚未成熟，孩子不会对自己的行为和言语进行反思，有时候甚至没意识到自己错了，只是家长说自己错了。所以教会孩子反思的能力是非常有必要且重要的，只有孩子自己懂得反思错误，才能不断提高。

孩子什么都听家长的，表面上会少走很多弯路，节省很多时间，但在实际生活中一遇到新情况、新问题就会露馅。从小让孩子多尝试、多锻炼，看着孩子走弯路、吃亏、碰壁，仍保持观察者的姿态，等孩子吃亏、碰壁后，再让他们反思失败、碰壁的原因，让孩子想想自己有哪些情况没有考虑周到，哪些地方出现了差错，让孩子反思之后再尝试，才能达到进一步教育的目的。孩子尝试一遍，反思一遍，经历越多，办法就越多，成功的概率也就越多。

孩子做任何事情，无论成功与失败都要养成反思的习惯——反思事情的每一个细节，反思事情的来龙去脉，反思事情的全过程，对其健康成长很有必要。因为过程比结果更重要——结果有很多偶然因素在里面，过程却是实实在在掌握在自己手里的，最能体现一个人的能力和水平。

让孩子"面壁思过"。在孩子犯下错误后，家长不要立即批评责怪，可先把孩子放置在空房间内，告诉他："你现在一个人反省一下，想明白为什么大人生气再出来。"通过冷处理，可以弱化孩子的反抗心理，同时也使孩子感受到被冷落，他就会开始思考到底因为什么惹到父母了，思考为什么这样做不对，思考要如何改正。

当孩子给家长道歉时，家长要鼓励地接受，并跟孩子回顾一下事情的发展，告诉孩子哪些地方做得不对以及改正的方法，通过"复盘"，让孩子对事件加深印象，增强自我反省的深度。

写日记是最重要的反思方法，长年累月地写日记可以记下孩子每一件事情的心路历程，同时还可以提高孩子的作文水平。孩子可在日记中写下自己所有的内心感受，可能一开始不会觉得是自己错了，可是几天后再次翻看日记时，就会发现自己做得不对的地方，达到了自我反省的目的。

写日记是对自己一天的总结，记下得失与各种心情，是高兴还是郁闷，都会在孩子的笔下呈现出来。孩子也会在日记中写下他最不好意思说出口的话，这样的话多半是反省之词。

陶渊明说过"悟以往之不谏，知来者之可追"。父母在教会孩子各种能力的同时，一定不要忘了教会孩子自我反省。每天给孩子留一定的时间，让孩子自我反省每天的得失，并帮孩子分析如何避免失误，从而使孩子能够对自己的行为有很好地把握，这对孩子培养自我意识，依靠自己成功有着至关重要的作用。

6. 无论什么情况，都不帮孩子整理书包

有这样一则新闻，彤彤正在上小学五年级，11 岁的她在家基本不做家务，自己的书包、书桌、床铺都是爷爷奶奶帮忙整理的，所有的事情

/ 第十二章 /

伤什么都不能伤孩子的心

1. 朋友圈给娃拉票的，别再污染孩子纯洁的心灵了

有人说，"朋友圈"正在变成"投票圈""广告圈"，越来越多的人开始在里面打广告，求投票点赞。基本上每天都有在朋友圈拉票的，都是熟悉的朋友，又不好拒绝。但对家长来说，自己的孩子票数多常常让他们颜面有光。

我前几天遇到这样一位妈妈，群发消息说给她家孩子投票，我一般碍于情面，举手之劳，总是顺便帮个忙。可是这一次，这位家长要求把投票的截屏发给她看，她好检查是不是真的投了。后来这位家长竟变本加厉，要我全家人都去关注主办方的公众号，然后都给她的孩子投票。

不给她投怕朋友不高兴，投吧又觉得真浪费时间。最后选择不去投这种乱七八糟的东西，因为这不仅仅是一种虚荣的攀比，对孩子来说更

是一种很大的负面影响。因为朋友圈给孩子投票，本身就是一场攀比行为，首先，这不能反映孩子的真实情况，因为这就是看大家的人缘，人缘好赞数就多；其次，把孩子强行比个高低，很伤孩子的自尊。

孩子本身都是天真烂漫的，平时在学校考试有成绩高低就不说了，在其他地方又何必再评选高低呢，而且这孩子根本什么都没做，就得到大家的投票点赞，根本毫无意义。

北京大学心理学博士赵红梅认为，朋友圈"拉票"的盛行，是源于父母的攀比，争一些荣誉，或者是贪恋名次。如果孩子从小做事就只看重结果的话，那他就会变得很功利。家长们在为孩子选择各类比赛时，要擦亮眼睛，选择"含金量"高的，真正对孩子身心发展有益的。这种在微信朋友圈靠拉票、拼人脉的比赛不值得参加，即使取得了名次也容易误导孩子，对孩子根本起不到激励作用。

朋友圈拉票并非是鼓励孩子的好方式，而是变相引导孩子弄虚作假，尤其要不得。朋友圈拉票的行为是教育变味，使得教育多了功利之心，以及夸张虚假的成分。本来孩子送孩子去参加比赛是为了让他享受过程，收获友谊，孩子取得好成绩后给一些奖励是为了让孩子再接再厉，同时也是奖赏孩子的付出。

一旦搞出朋友圈投票这种形式就变了味道，家长们不再关注孩子真正的成长，只在乎谁的孩子得票多，四处发红包拉票就为了让自己的孩子能上升一个名次。这种拉来的票数又能做何用呢，根本不是真实的排位，只不过是家长的人缘大比拼，却让孩子掺和其中。

著名教育家陶行知先生曾经在他的文章中反复强调一个观点，那就是"千教万教教人求真，千学万学学做真人"。不看孩子的实际表现如何，只靠亲友团拉票，这样的假成功就是教孩子追求虚荣。

我曾经跟女儿一起观赏过她学校的画展，女儿的画在一群天资卓越的孩子面前，显得并不优秀。我觉得女儿画得好，是因为她是我的孩子，我跟女儿说："你觉得你画得好吗？"女儿点点头。我又问："除了你之外，还有谁画得好？"

女儿又给我指出四五幅画，确实都画得非常出众。这期间有家长提议在朋友圈搞投票，看谁的孩子的画最受欢迎，我拒绝了。我不想让女儿参加到这种无聊的竞争中，她现在这样认可自己的画，又同时欣赏别人的画，不是挺好的吗？一旦搞出朋友圈投票，这种心态就会失衡，孩子可能会陷入自己"不如比人"的焦虑之中，对她学画是个很大的打击。

朋友圈投票只是在满足家长的虚荣心，给孩子带来的影响却是巨大的，孩子可能因此过分骄傲或过分自卑。孩子会因为得票高而产生骄傲虚荣的心理，也可能会因为得票低而产生自卑敏感的心理，不管怎样孩子却什么都没做，他的长相、作品随随便便被几十位家长评价和关注。这很容易给孩子的心理造成影响。这种朋友圈投票看似是大人们的行为，与孩子无关，但孩子其实知道自己在得票数上输给某某同学，或者遥遥领先于其他同学，这对孩子很不好。

孩子的成长需要激励，但激励并不能只依靠朋友圈里的票数，需要我们的家长有一双善于发现的眼睛，在孩子日常的点滴生活中给予肯定和鼓励。同时，家长还要引导孩子，坦然接受成功和失败。在成长的过程中，无论是成功的喜悦，还是失败的沮丧对孩子来说都有意义。

一位教育专家说过"如果孩子永远都是在成功，这个孩子未来是可怕的"。家长要避免两种问题，一是孩子在成长过程中，家长从来不表扬孩子。另一种则是我们为了让孩子有一个所谓的虚假的自信，去动用自己的朋友圈各种各样的方法，来让他满足于一种虚假的成就。

这两种方法都不可取，在教育的黄金期，家长切忌让孩子陷入无聊的排名之争中。

2. 二胎时代，千万别伤了老大的心

自从二胎政策落实以来，很多家庭开始备孕二胎，或者二胎已经降临。家里多一个新生命，父母的心都是欢喜的。但有一个人的心思却是复杂的，那就是老大，有了老二，这老大在家里的地位可就是"翻天覆地"了。

在朋友圈里看到过一副关于"二胎政策后，老大的一夜之间地位变化"漫画。

那个舒服地躺床上，爷爷奶奶跪在地上给捶腿扇扇子，旁边老爸老妈端着水杯候着的画面虽然有点夸张，但在一定程度上反映了现实。

老二降临后，老大就由那个皇上范沦落为了洗手间的小奴隶，小小的身子蹲在水盆前洗尿布。

这地位的变化，简直就是一部"血泪史"，"凄惨"程度不亚于皇后被打入冷宫。

的确，在二胎没有放开之前，家里只有一个娃，爷爷奶奶外公外婆爸爸妈妈 6 个人围着一个娃，那绝对是集万千宠爱于一身。

爸爸妈妈每天钻研育儿书籍，认认真真记录孩子成长的一切变化，周末就琢磨着带孩子去哪里潇洒。绝对不让孩子受一点委屈，大声说话也不能。孩子就是要天上的月亮，都恨不得给她摘下来。

自从有了老二，老大的地位就急转直下。忽然之间，再也没时间陪老大去玩了。此外，老大还要帮弟弟或者妹妹拿尿布、倒垃圾、收拾玩具。更让人痛苦的是，每当有争执的时候，妈妈总是说"你是老大，弟弟还小，你得让着他"。

于是，有人描述说老大就活脱脱成了"全职保姆，照顾老二、递纸尿裤、倒垃圾、擦地板、洗尿布、哄老二等等样样得干，还要身兼保镖工作，时刻保护老二不被小区的熊孩子欺负，还要克服自己那恐惧的小心脏，与小区的阿猫阿狗斗狠"。

在一期电视节目《妈妈是超人》里，我看到过这样一个细节：梅婷一个人带孩子的时候，她本来想让女儿和自己一起哄哄在婴儿床中的弟弟，可是当梅婷把弟弟的婴儿床拉近时，两岁半的女儿快快毫不留情地打了弟弟阳阳"一巴掌"，4个月的阳阳立马大哭起来……

梅婷自己在节目中也谈到，女儿快快应该是很不喜欢弟弟，不是偷偷打弟弟，就是制作各种麻烦，完全没有以前乖了。

这让我更加感慨，地位的巨大落差竟引来了老大的反抗。快快之所以变得有点无理取闹，是接受不了弟弟霸占了爸爸妈妈太多时间，以至于他们没有时间来陪伴自己。她不断地给妈妈制造麻烦，就是为了引起妈妈的注意，哪怕是挨打、挨批评的关注。

其实，这反映了她内心的害怕与无助害怕，怕父母不再爱自己了，怕自己的生活被打破，等等。

有专家说，心理素质较差的孩子，多会出现此类"一胎焦虑"。他们大多年龄小，自我意识不强，误以为妈妈被"抢"走了，从而出现易怒、捣蛋、欺负老二，甚至厌食、患病等情况。

此外，这类孩子往往从小被家人太过溺宠，过于以自我为中心，稍有一点不按自己心意来便受不了。此外，家长对老二过分关注，而忽略对老大的照顾，也会让老大感到孤独和焦虑。家长不要忽略老大的情绪变化，多和孩子聊天，多抽时间陪老大玩游戏，让孩子打消心中妈妈被"抢走"的顾虑。家长可以为老大创造更多照顾老二的机会，这既能培养老大的责任感，又会让他觉得老二是在和自己分享父母的爱。家长要让老大明白应和爸妈一起去爱老二，而不是和老二争"宠"。

虽说每个孩子都是父母眼中的至宝，可不得不承认，父母的时间和精力是有限的，当第二个孩子出生后，怎样平衡照顾两个孩子的时间，怎样照顾老大的情绪，是父母需要认真考虑的问题，如果父母不加以注意，很可能会伤了老大的心。

那么，在二胎时代，父母为了不让老大伤心该如何做呢？

（1）提前灌输亲情的美好

在怀二胎之前，父母要有意识地向老大慢慢灌输家里有两个孩子的乐趣。比如，专门带孩子去有两个孩子的朋友家里作客；带孩子到公园里看哥哥姐姐带着弟弟妹妹一起做游戏；买一些有关兄弟姐妹的绘本故事讲给孩子听，让孩子知道弟弟妹妹出生，自己不但可以多一个玩伴，而且能成为那个被人崇拜的哥哥／姐姐，这样，孩子就会在潜移默化中希望有一个弟弟／妹妹，羡慕有两个孩子的家庭组合。

（2）征求孩子的意见

要不要生二胎，要征询所有家庭成员的意见，尤其是可能已经懂事的老大的看法。在经过上面的铺垫后，相信老大不会斩钉截铁地直接反对有一个弟弟／妹妹。即使老大有可能反对，也依然要征求他的意见，提前和孩子沟通，如果孩子反对，要继续耐心地告诉孩子，"有了弟弟／妹妹后，你依然是爸爸妈妈最爱的宝贝，不会减少对你的爱。""你会多一个可以和你一起玩的伙伴，多一个崇拜你的小朋友。"

（3）选择适当时机告诉孩子

在怀孕之后，要选择适当的时机告诉老大这个消息。家长可以选择在"显怀"之后再告诉孩子，这样能够让孩子直观地感受到妈妈肚子里有一个小生命，而不是抽象地说"你将要有个弟弟/妹妹了"。同时，要选择在老大情绪比较好的时候告诉他这个消息，不要选择在孩子不开心或是感冒的时候告诉孩子，这样可以让孩子更容易接受这个消息。

（4）让孩子参与进来

如果孩子感兴趣，可以让孩子帮你一起决定一些关于弟弟妹妹的事情。例如弟弟/妹妹房间的颜色，家具如何摆设，或是让他帮忙一起挑选婴儿的衣服等等，培养孩子当哥哥/姐姐的责任感。此外，家长也要告诉孩子，当你在妈妈肚子里的时候，爸爸妈妈也是这样认认真真准备迎接你的到来，仔细挑选每一样你需要用到的东西。

（5）培养老大对老二的感情

在怀孕期间，要有意识地培养老大对老二的感情，让他和父母一起见证老二的孕育过程。比如，定期让老大和妈妈肚子里的宝宝说说话，让老大观察妈妈肚子的变化，感受胎儿的胎动等等。与此同时，家长一定不能减少对老大的关爱，要尽量保持与怀孕之前对孩子的陪伴时间一致。

（6）平等地对待两个孩子

在两个孩子产生矛盾时，很多父母不分青红皂白，习惯性地对老大说"你是哥哥/姐姐，应该让着弟弟/妹妹。"殊不知，这样的方式会让老大觉得父母不爱自己，只爱弟弟/妹妹，而老二也会因为父母每次的偏袒而更加淘气。因而，当两个孩子发生矛盾时，父母一定要做到公平，先耐心地问清缘由，再批评孩子，帮理不帮人，同时要告诉孩子无论年龄大小，都应该互相谦让。

（7）尽量单独批评孩子

孩子也是有自尊心的，尤其是两个孩子都懂事后，不要当着其他兄弟姐妹的面批评孩子，这样会伤害孩子的自尊心。兄弟姐妹之间都知道对方的短处，谁尿床了，谁撒谎了，谁被父母批评了，都可能会成为他们互相嘲笑对方的原因，这样不利于他们的友好相处。

（8）不要总是比较两个孩子

父母总是希望两个孩子可以互相激励，一起进步，因而总是会把两个孩子进行比较，例如对老大说"看你弟弟多乖，你怎么就不能听话一点？"时间久了，两个孩子之间就会有隔阂，为了得到父母更多的夸赞和喜爱而产生恶性竞争，所以尽量避免把两个孩子放在一起比较。

再好的物质条件，也抵不上父母每天高质量的陪伴。

我身边很多父母为弥补忽略孩子的内疚，偶尔有时间陪孩子，就用豪爽地花钱弥补陪伴，不管孩子是否需要，都买给他，最流行的名牌、最贵的学校、最贵的老师，想让父母自己内心平衡，却依旧无法填补孩子内心缺少爱的空虚。

然而，大量研究也表明，亲子陪伴有助于孩子的成长，高质量的亲子陪伴可以提高孩子的安全感及自信心，并有利于在与人互动中获得良好的交往技能、获得更有利的社会支持，减少负面情绪等。

如今，我们处在一个信息高速发展的时代，各种各样的原因导致了亲子陪伴的缺席，如现在带孩子的责任被交给爷爷奶奶、保姆，各种培训班及手机。有研究指出，父母对孩子的陪伴不足，会像物质条件缺乏一样，对孩子大脑发育产生永久性的影响。

在实际生活中，我们也会发现因为幼时缺乏父母的陪伴，很多孩子不能与父母建立亲子关系，从而造成孩子性格缺失。尽管这种缺失在未来可以去弥补，但是往往事倍功半。几天前，一位妈妈问我："孩子过去一直跟爷爷奶奶生活，最近把孩子接到自己身边后发现有很多不良习惯，该怎么办？"其实，这样的情况，母亲根本管不了，因为亲子沟通是无效的，双方关系没有到达"你听，孩子愿意讲；你讲，孩子愿意听"的阶段。究其根源便是在孩子成长早期，父母未给予高质量的陪伴。

那么，什么样的陪伴才是真正高质量的陪伴呢？

（1）要有时间的保证。美国一研究中心认为，家长陪伴孩子的底线时间是每周 21.2 个小时。当然，具体的时间并不能确定，但是时间肯定是一个重要参数，有数据显示，每周陪伴增加 1 小时，孩子吸烟、酗酒等不良行为便可削减。

需要注意的是，我们一定要重视父亲的陪伴。大量的研究发现，相比母亲，父亲的陪伴是远远不足的，而早期父亲陪伴不足会造成非常严重的问题。希望全天下的父母都能走在"回家和孩子吃饭"的路上。

特别是当孩子渐渐长大，人格日趋成熟，家长在陪伴中的角色也应该由全程把控渐渐向适时辅导转型。家长逐渐给孩子权利和空间的过程中，要视情况灵活调整。在孩子的成长过程中，童年时期来自父母的陪伴特别重要，好的陪伴远远胜过单纯的物质满足。

（2）高质量陪伴需要有爱和情感的投入。父母和孩子相处的时候，积极或消极的情感投入都会对孩子的情绪产生非常重要的影响，所以，我们以什么样的心态跟孩子相处是非常重要的。父母跟孩子的相处要有倾听，语言和肢体的交流，且交流时眉头应该是舒展的，身体是前倾的。

（3）高质量陪伴要一起做有意义的事。这并不意味着一定要做很难、很耗金钱的事。一本书中曾列出了一个孩子觉得最幸福的 10 件事：你晚上会来我的房间，给我盖好被子，为我唱歌，给我讲我小时候的事情；你会拥抱我，亲吻我，会和我坐下来聊只有我们两个人知道的故事；你会花时间和我单独在一起，兄弟姐妹们也不在旁边；你给我健康美味的食物，让我长得壮壮的；你会和我一起蜷缩在毯子里面，看我们最爱的电视节目；你不会让我为所欲为……

我们经常也会看到一个非常奇怪的现象，有些妈妈是全职妈妈，但是孩子的情况比没有妈妈陪伴的还要糟糕。以前，我们理解的溺爱就是包办代替，其实，过度重视和过度控制都是一种溺爱。还有的父母在与孩子交流时，不会随着孩子的成长而改变策略。

我曾看到过很多妈妈始终停留在孩子 6 岁的状态，语气、动作、态度完全没有变化，尤其是到了青春期的时候，这种方法是非常糟糕的。其实，过度的陪伴让孩子没有责任感，没有充足的良好的心理能量，对孩子的发展并不利，甚至，会变成孩子的一种压力，导致孩子越来越不愿意和父母在一起，也剥夺了孩子的自主能力。

父母们，给自己一点时间，清空关于自己的一切，走进孩子的心灵，给予他们所需要的安全感和爱，还有很简单的嬉闹，不需要多么绚丽的工具，不需要多么现代化的媒介，不需要多么繁华的场地，需要的仅是回到童年的自己，带着纯真的笑容，实实在在的情感。也请家长给孩子一个爱和信任的环境，让孩子清楚自己的选择，整合自己的认知，而不是用物质的满足去与陪伴画上等号。

3. 如何惩罚孩子又不失效果

孩子在成长过程中不可避免地会犯错误，孩子需要积极的力量引领他们走出错误的沼泽。倘若动不动就用武力惩罚孩子，孩子的身体与心灵会遭受双重疼痛，他们柔软的心将会一天天长茧，变得僵硬，直至麻木。因此，当孩子犯错误时，父母应该及时予以纠正，帮助孩子快乐、健康的成长。

什么样的惩罚方式才最有效、孩子最易接受呢？

（1）事先把合理的惩罚后果告诉孩子

之前和一位母亲聊天，听她说："每次6岁的女儿依依和她的朋友楠楠一起玩之前，我都会告诉她，如果她们两个有一个人哭闹耍赖，或者两人发生争执，就不能再一起玩了。周末我带依依去公园，也会事先告诉她，如果在娱乐场她跑到离父母太远的地方，就必须离开游乐场。这种方式对依依来说非常有效，每次她都会按照我的规定去做。我觉得这是因为依依知道我肯定会说到做到。"

理论上讲，对于孩子的不良行为给予一定的处罚，能够让孩子明白行为和后果的关系，同时也可以教会他什么是责任——承担这个后果就是他的责任。如果父母决定使用这种处罚方式，那么最好事先向孩子解释清楚后果将是什么，给孩子一个明确的警告。

然而，有时我们对孩子的行为并不能先知先觉，那该怎么办呢？合理的反应是，看到孩子有了不好的行为，父母就必须针对这个行为想出一个适度的处罚结果，然后马上执行，决不能缓行。比如，你带儿子去超市买东西，他总是在货架的过道跑来跑去。此时错误的做法是对他说

"下一次买东西你必须坐在购物车里了！"；正确的做法是马上把他抱进购物车里，告诉他这一次就必须坐在里面。

（2）失去某些特别待遇

3 岁的乐乐非常喜欢看书，他的妈妈说，午睡前或者晚上睡觉前把故事书拿走，这就是对他最大的惩罚。妈妈的经验是：每天晚上睡觉时间一到，她就把乐乐喜欢看和想让妈妈讲的那几本书堆放在一起，告诉乐乐："如果你按时刷完牙，洗漱完毕，按时上床睡觉，那你就可以看这些书。"如果乐乐一次不合作，妈妈就拿走一本书。

你的孩子是否也有他最喜欢的一些特别待遇呢？比如，看一部动画片，玩某个玩具，或者想晚上 9 点上床睡觉而不是 8 点半？如果有，一旦你的孩子有了不好的行为，你也可以剥夺这个特权。但是，父母一定要慎重，不要一次剥夺太多，也不要时间过长。

对于那些 6 岁以下的孩子，使用这种处罚方式仅限于 1 天，而不是一个星期，甚至更长时间。1 天的处罚是让孩子每天都约束自己，知道该如何选择，是选择和同伴打架，或是选择和睦相处。处罚时间不宜过长的另一个原因是，通常父母在几天过后就心慈手软了，这就会破坏处罚方式的有效性。

（3）对好的行为有所奖励

宁宁的妈妈一直对 3 岁的宁宁使用奖励的方法，而且每次都有成效。每天早上，宁宁的妈妈都会提醒宁宁，在家里玩最重要的规矩就是：一不能打小猫，二不能在沙发上乱蹦乱跳。如果宁宁一天都没有违反这个规矩，那么他就可以得到一个奖励：多看一会动画片，或者今天多讲一个故事。对于某些孩子来说，如果父母使他有一种不能得到奖励的压力，他就能够约束自己的行为。

另外，也有的父母把奖励方法和画 3 个笑脸的方法结合起来。家长先把一些奖品放在盒子里，如果一天下来三个笑脸全都被画了叉，就拿走一个奖品。目的是让孩子有一种期望自己一天的行为使所有奖励品都完整无缺。总而言之，无论父母选择哪种奖励方法，都必须确保奖励的物品适合孩子的年龄，而且能够足够吸引孩子从而约束自己的行为。最重要的一点是，在给孩子奖品的时候，不要忘记表扬他的好的行为。

（4）引导孩子把注意力转移到其他事情上

有时候，父母把孩子带走，离开当时的处境，反而能够使他冷静下来，认识到自己的错误。一旦孩子犯错，有些父母就喜欢针对问题喋喋不休地说教。与其这样，还不如换个环境，带孩子出去走走。一段时间后，再告诉他："我很爱你，但是我决不允许你打人。"

有的人或许会产生疑问"这就是对孩子打人的惩罚？这明明没有任何惩罚呀？"确实没有任何惩罚，因为父母用各种方式管教孩子的最终目的是给孩子的过激行为降温，使他不再有这些不好的行为，所以，一些低调的缓和方式有时也可以试用，这也许就可以达到家长期望的效果。

无论父母使用哪种管教方式，都应该事先给孩子解释清楚。不要等到孩子一犯错，才开始管教，惩罚孩子。如果没提前给孩子说清楚定的规矩是什么，哪些行为是将受到惩罚的，那么孩子就对不良行为没有任何认识和概念，也不知道大人对他行为的期望是什么。而父母看到孩子的不良行为，就很有可能反应过激，从而使用较为严厉的惩罚方式对待孩子，不过，惩罚过于严厉，将很难坚持到底。

如果试图尝试一种新的管教方式，即便一开始并没有效果，也要坚持 2 个月看看效果。很多父母在尝试一种处罚方式的时候，如果使用几次，发现它对孩子没有效果，就会改用其他的方式。事实上，总是变换不同的方式，其结果是使孩子明白如果自己坚持反抗到底，父母最终会认输放弃惩罚他。

许多父母常会为孩子闹情绪伤透脑筋。面对孩子不当的行为、举止时，做家长的应先了解其原因，再以适当的方法处理。但如果孩子以丢东西、打架等方式达到自己的目的时，父母就要适当给予处罚，让孩子了解他的这些举动是不对的。

4. 别动不动就用物质奖励

很多家长喜欢用物质奖励的教育方法来刺激孩子将良好的行为持续下去。比如，孩子考了高分，家长就说，如果你下次还能考 ×× 分，我就给你买 ××。再比如孩子做对了某件事，家长就给孩子一些物质奖励，其实，这些教育方法的确能在短时间内起到激励作用，刺激孩子将良好行为持续下去，但从长远角度来看，这绝对不是一种好的选择，这会让孩子对事物失去兴趣。

婷婷的妈妈最近比较头痛,她对婷婷已经到了无计可施的地步。一天，婷婷要参加重要的期末考试，临走前问妈妈说："妈妈，这一次我考好了有没有奖励？"妈妈说道:"没有,考好是你应该的。"结果婷婷脸一沉，居然说没有奖励就不去考试了。妈妈哄了婷婷很长时间，最后又答应给她买一款新手机，婷婷才满意地前去考试。

婷婷这种性格应该小时候说起，婷婷 6 岁的时候特别抗拒上学，每一天早晨出门都苦恼不已，妈妈一筹莫展之际，只好对婷婷说:"你乖乖去上学，放学后妈妈带你去吃好吃的……"结果婷婷就去上学了。从此婷婷妈妈就处处使用这个办法，渐渐发展到"把饭吃完，就可以看动画片""把玩具收拾好，奖励糖果""考第一名想买什么随便挑"……等婷婷长大了，婷婷就开始主动要奖励了，对此，妈妈很是无奈。

奖励可分为物质奖励和精神奖励两种。奖励孩子是再正常不过的事，但是选用何种奖励方式却很有讲究。很多家长图省事，常常许诺孩子只要做到某件事，就给买什么东西。这种物质奖励能短暂地刺激孩子的积极性，但这只是短期效应，从长远来看，这种手段注定会产生不良的影响。

一旦物质奖励变成了长久的习惯，那么孩子做什么事都期望获得物质奖励，一旦没有得到物质奖励的时候，孩子就会变得完全灰心丧气，他们甚至会认为没有物质奖励的事情不值得去做。比如，孩子总是赖床，家长叫不起来孩子，只好表示给孩子买一个新的书包、足球，这就是走入了物质奖励的家庭教育误区，下一次孩子又赖床时，难道还给他买足球吗？

过分的物质奖励有两大坏处。

（1）让孩子误把奖励当目的

人的行为动力来源于两大动机，即外部动机和内部动机。而物质奖励会让人的内部动机消减，最后只能依靠外部动机行动，否则就会丧失行动的动力。

具体来说，物质奖励容易使孩子的行为逐步降低到只以获得奖励为目的，而忘记自己的兴趣与初衷，让孩子为奖品而行动，而对被奖赏的行为本身失去兴趣，客观上阻碍了行为习惯的养成。如果哪天没有奖励了，孩子就不愿行动了，错误地把行为作为交换奖赏的筹码，把努力变成一场交易。

（2）让孩子物质欲望过度膨胀，变得功利和势力

靠奖励激发起来的行为，就必须靠不断升级的奖励来维持，孩子的"胃口"也会越来越大，对物质要求就会越来越高。最要命的是，物质奖励就像个无底洞，就算家长想要急刹车也刹不住，孩子的要求会越来越多。将来对孩子而言，也难免养成凡事"物质第一、金钱第一"的错误价值观，谁有好东西就向谁靠拢，从而严重影响孩子今后的为人处世。

物质刺激也代表着对孩子能力的怀疑，所以经常接受物质刺激的孩子，在依赖于物质刺激的同时，还会产生一种自卑感。因此，家长应当慎用物质刺激，而多用精神鼓励的方法，给孩子精神上的激励。

我们可以运用另一种方式进行物质奖励，比如，用一顿丰盛的晚餐作为孩子的物质奖励，不仅让孩子体会到被表扬、被奖励的感觉，不仅不会让孩子骄傲，还有利于家庭氛围的增强。

5. 粗暴教育打造出的"听话"孩子容易患心理疾病

常见到一些孩子特别听话，简直到了对父母言听计从的地步，父母说什么就是什么，孩子永远都低着头不说话。这多半是家长的粗暴教育打造出的"听话"孩子，看上去乖巧听话，其实孩子的内心里早已沉积了"污垢"，时间久了很容易患心理疾病。

南京的小冬自幼被父母严格管教，父母说什么小冬都不敢不听，所以在父母眼中小冬是个听话的乖孩子，可是今年上六年级的小冬突然就不听话了，坚决不去上学，还把自己锁在房门里。小冬父母跟老师了解

了情况，发现最近小冬与班上的同学发生了激烈的冲突，差点动起手来。最后小冬被父母带到医院检查，发现小冬患了焦虑症。

医生告诉小冬父母，为了做个听话的好孩子，小冬一直活得很压抑，他只是做父母的乖儿子，而失去了自我。长期的压抑让他在与同学的争执中爆发了，他认为同学们都在背后说他坏话，大家都不喜欢他，所以他不愿意去上学。经过医生诊断，小冬已经出现了焦虑症。由于病情比较严重，小冬不得不接受住院治疗。

调查显示，90%的家长希望孩子做个"听话"的孩子，而在调查中被问到如何让孩子听话时，家长们有的回答严厉责骂，有的回答关禁闭反省，也有的说孩子胡闹时需要打几下。然而，被送到儿童医院检查心理和精神的孩子，都是遭到过父母粗暴教育的，平时都非常听话，事事依赖父母，可是突然有一天就爆发出问题了。

更有家长信奉"不打不成才"，孩子稍有犯错，家长便打骂孩子，认为这种疼痛能够给孩子带来最深刻的记忆，所以孩子不会再犯错。

这几年流行一个词叫"虎妈狼爸"，很多家长只看到了采用粗暴打骂教育，孩子取得了很好的成绩，却没看到因为这种教育造成的悲剧，多少个孩子年幼便患心理疾病，甚至有的孩子多次自杀未遂。

生活中，很多父母们都认为打骂孩子是为了他们好，是对他们负责的表现，认为现在孩子还小，长大了就能理解父母的良苦用心了。殊不知，这样做往往事与愿违。因为，孩子天性纯真善良，他们幼小的心灵最容易受到伤害。这些简单、粗暴而野蛮的家庭教育方式一旦实施，只会重重刺伤孩子稚嫩的心灵，伤害孩子的人格尊严和自信心，甚至给孩子一生留下不可抹灭的阴影。

打骂孩子对其言行会起到一定的约束作用，但这并不代表孩子认识到了自己的错误，并真心实意地改过，他不过是屈服在父母的责骂下，被迫而违心地改正。这样的改正，不过是表面现象，并没有真正地解决问题。当有一天，孩子被父母打得麻木了，责骂和棍棒对他失去了制约作用，这些问题又会再一次地暴露。

尤其当孩子处在十几岁的叛逆期时，这种粗暴教育更加不可取，孩子离家出走、厌世自卑都是粗暴教育引起的，孩子在家庭中不能感觉到温暖，跟父母更是"没有感情"，这种环境下成长起来的孩子，心理又怎么能没有问题。

家长的粗暴教育无非是想让孩子听话，可是孩子太听话不一定是好事。处处听话的孩子，他们会缺乏创造性、冒险性和自我决断能力，而这些与生俱来的天性被家长抹杀后，一旦有一天他独立面对困难时，就容易出现抑郁、焦虑等问题。

在 21 世纪的今天，这种教育观念显然已经落后，我们传统文化总是教育小孩从小要"听话"，不要"淘气"。其实，听话的孩子不一定就是好孩子，淘气的孩子也不等于是坏孩子。淘气说明孩子有好奇心、有活力，孩子爱拆解玩具电器，说明他有动手能力，孩子天天在公园踢足球疯跑，说明他有运动天赋。

要求孩子听话并不错，但关键是听什么话和怎么听。如果孩子连自己想吃什么都要听父母的话，那说明孩子已经处于没有主见、依赖父母的状态。这是由家长的一贯强势造成的。还有的孩子胆小，见人不敢说话，家长一瞪眼睛，孩子吓得直哭，这就是家长惯用恐吓的粗暴教育所致。

比如，"再不听话打你了""再不老实点把你送去孤儿院"等等，这样的话对于孩子来说是非常严重的恐吓，使得孩子总是处于过分紧张的状态，从而变得胆小怕事、畏首畏尾。

当我们允许孩子犯一些错误时，孩子的步伐会迈得更大，任何时候家长都会对孩子温声细语，孩子就会感受到亲情的温暖，为了孩子的健康成长，家长需要给孩子一个温馨而有爱的环境。

6. 夸孩子聪明不如夸用功

家长希望孩子从小就能够自信出色，所以家长用各种方式告诉他"你真棒""你真聪明"。可是家长常常会用错语言，鼓励和表扬对孩子来说完全不同，他们会从这两种语言中获得不同的心理，而这两种不同心理会造就不同的孩子。

在过去的 10 年里，斯坦福大学著名发展心理学家卡罗尔·德韦克和她的团队一直在研究表扬对孩子的影响。他们对纽约 20 所学校，400 名 5 年级学生做了长期的研究，这项研究结果令学术界震惊。

在实验中，他们让孩子们独立完成一系列智力拼图任务。

首先，研究人员每次只从教室里叫出一个孩子，进行第一轮智商测试。测试题目是非常简单的智力拼图，几乎所有的孩子都能相当出色地完成任务。每个孩子完成测试后，研究人员会把分数告诉他，并附一句鼓励或表扬的话。研究人员随机地把孩子们分成两组，一组孩子得到的是一句关于智商的夸奖，即表扬，比如，"你在拼图方面很有天分，你很聪明。"另外一组孩子得到是一句关于努力的夸奖，即鼓励，比如，"你刚才一定非常努力，所以表现得很出色"。

随后，孩子们参加第二轮拼图测试，有两种不同难度的测试可选，他们可以自由选择参加哪一种测试。一种较难，但会在测试过程中学到新知识。另一种是和上一轮类似的简单测试。结果发现，那些在第一轮中被夸奖努力的孩子中，有90%的孩子选择了难度较大的任务。而那些被表扬聪明的孩子，则大部分选择了简单的任务。由此可见，自以为聪明的孩子，不喜欢面对挑战。

接下来又进行了第三轮测试。这一次，所有孩子参加同一种测试，没有选择。这次测试很难，是初一水平的考题。可想而知，孩子们都失败了。先前得到夸奖聪明的孩子们，对失败产生了差异巨大的反应。那些先前被夸奖努力的孩子，认为失败是因为他们不够努力。德韦克回忆说："这些孩子在测试中非常投入，并努力用各种方法来解决难题，好几个孩子都告诉我：'这是我最喜欢的测验。'"而那些被表扬聪明的孩子认为，失败是因为他们不够聪明。他们在测试中一直很紧张，抓耳挠腮，做不出题就觉得沮丧。

第三轮测试中，德韦克团队故意让孩子们遭受挫折。接下来，他们给孩子们做了第四轮测试，这次的题目和第一轮一样简单。那些被夸奖努力的孩子，在这次测试中的分数比第一次提高了30%左右。而那些被夸奖聪明的孩子，这次的得分和第一次相比，却退步了大约20%。

无论孩子有怎样的家庭背景，都受不了被夸奖聪明后遭受挫折的失败感。男孩女孩都一样，尤其是好成绩的女孩，遭受的打击程度更大。学龄前儿童也是如此，这样的表扬都会害了他们。

当一个孩子完成学习任务后，得到的反馈是"你真聪明。你真棒！"这种终结性评价更多看重前一个阶段的表现和最终成绩，给孩子的信息是：你任务完成的漂亮，是因为你聪明，没有完成任务，是因为你不聪明。你没法控制自己聪不聪明，你之后的表现和你聪不聪明却有关。这种我不能控制自己变聪明的想法，促使孩子形成了我聪不聪明是天生的定式思维。

而当孩子完成任务后，得到的是"我看到了你为出色完成任务而付出的努力！"这样的反馈将成功归因在我努不努力是可以控制的层面上。

反馈不同，导致孩子的思维方式不同，继而在遇到任务时，表现不同。夸奖孩子努力培养孩子的成长型思维，夸奖孩子聪明培养孩子的固定性思维。这两种思维决定了面对任务时的不同目标及表现。

研究表明：在日常生活中我们会发现，事业成就最高或者工作最出色的那个人，往往并不是学历最高或者学生时代成绩最出色的，而且也不是从小被赞"聪明绝顶"的人。被赞美聪明的孩子不懂得努力，变得没恒心、没毅力，功课一退步就再也起不来。

正因为小孩喜欢听到赞美，所以家长在赞美时必须要慎重，必须帮孩子指出一个可以继续努力的方向。也正因为这样，父母在对孩子表示肯定的时候要注重孩子的行为过程，而不是事情的结果和孩子；注意对孩子行为的鼓励，让孩子知道他的努力我们看到了。这也正是夸孩子聪明不如夸他们努力来得更明确，更有积极向上的目标性。

7. 软暴力对孩子的伤害，一点也不比打骂小

很多父母并没有意识到，家庭生活中的软暴力正在对孩子造成侵害。随着社会文明程度的提高，家长打骂孩子的情况越来越少，可是一些看似文明实则有害的管教孩子的方式却依然存在，家长在无意识中就给孩

子的心灵造成了伤害。

小区里有一个孩子 10 岁左右，不爱说话。小区几个小朋友在一块总是叽叽喳喳的，他却总是远远地看着，小朋友来找他玩，他也不理人家。后来得知，孩子的父母离婚多年，却又纠缠不断，孩子的父亲也很少跟孩子沟通，有一天孩子在小区里玩，和另一个小朋友起了争执，他顺手推倒了别人。他父亲明明知道孩子犯了错，可却不管不问，甚至没和孩子说一句话。

我想，可能是家庭的变故，以及父亲不善言辞的冷漠，给孩子的心理带来了伤害。孩子的内心都是天真而充满好奇的，同时又非常脆弱和敏感，大人们习以为常的动作、语气，通常会被无限放大，所以常常能感受父母内在的情绪，家长的不耐烦，家长的生气，都能够被孩子感知到。

有些家长觉得孩子小，也不会记得事情，所以在用恶劣的语言批评孩子时，没有心理负担。殊不知，孩子在当时就会认为这让自己尊严扫地，同时也给孩子日后成长留下了阴影，很多人回忆起很小的时候被父母一顿臭骂都记得清清楚楚。

一般来说，家长的"软暴力"体现在以下几方面。

（1）语言讽刺挖苦

"你怎么这么傻？""你怎么这么笨？"成了一些家长经常脱口而出的口头禅。更有甚者，有的家长为了发泄对孩子的不满情绪，讥讽孩子说"连这么简单的题都做不上来，你是要气死我"。

家长是一时痛快了，还盼望孩子"长记性"，日后给自己争气。殊不知，孩子的精力都被这样的讽刺挖苦消耗殆尽了，孩子的自卑往往也源于此。家长这样的挖苦，会让孩子失去自信和原则，甚至真的觉得自己"没用""是个坏人"。

相对于"打骂"对孩子造成的身心伤害，"软暴力"实际上是对孩子进行精神折磨和心理虐待。家长不经意间地讽刺与挖苦，如"你怎么这么慢"可能会影响到孩子健全人格的形成。

（2）孩子总是有缺点，没优点

中国家长总能轻易看到别的孩子的优点和长处，总觉得别人的孩子的闪光点那么耀眼，反观自家孩子，这儿也不顺眼，那儿也不中意，缺点短处一大堆：作业拖拉、学习成绩差，懒得做家务，说话不够伶俐等。

为了让孩子变得更优秀，家长总是数落孩子的不是，"今天作业字迹潦草""早餐吃得满桌都是"等等，当父母对孩子否定性的评价语言频频响起时，孩子会把这些评价不加识别地内化到自己的意识里，为自己定型，并且固化。"哀莫大于心死"，当父母都看不起孩子时，孩子可能真的也对自己不抱什么希望，于是他可能放弃各种努力，自暴自弃、自甘平庸或自甘落后，从而形成一种恶性循环。

指出孩子的缺点是对的，但是家长们也要多对孩子做得好的地方进行表扬。聪明的家长总能够找到孩子的闪光点，对自家孩子的优点多多鼓励赞扬，培养孩子的自信心和健康的心理，这就是赏识教育。

（3）剥夺孩子的权利

"你还小"成了很多家长剥夺孩子权利的借口，压岁钱没收，周末不许出去玩，上补课班要家长选择，不许追星，不许……美其名曰是为了孩子好，种种权利被剥夺后，天性爱玩的孩子只能坐在书桌前学习。孩子想跟家长辩解，家长又常常以学业为重压制孩子，时间久了，这种不自由的心结越积越深。

甚至有的家长还剥夺了孩子的隐私权。不允许孩子把日记锁进抽屉，家长还振振有辞地说："你是我生的，你整个人都是我的，日记还有什么不能看的？电话有什么不能听的？"这种对孩子的不尊重，导致孩子自己的一片自由天地处处被侵犯，成长过程中没享受到应有的自由。

（4）高标准、严要求

家长们望子成龙，望女成凤可以理解，但是高标准不是无限拔高，严要求也不能不顾现实。孩子这一学期通过努力考了 95 分，成绩提高很多，家长还不满意，隔壁 ×× 家的孩子考了 98 分，便对孩子很不满意，让孩子熬夜学习、参加补课班，非要考到 100 分不可。

可能是家长觉得自己活得不如意，所以一定要孩子活出个样来，从孩子一入学起就立下了严格的高标准，考试成绩要最出众，生活里对孩子也提出诸多要求，乃至坐卧姿态也有严格规定。孩子一旦做不到就对孩子苛责一顿，对孩子批评多而鼓励少。

家长全然不顾孩子的兴趣爱好、基础好坏、接受能力等等具体情况，一味地让孩子向最优秀的人看齐，给孩子背上重重的包袱，在孩子很小的时候就给他定下考清华北大的目标，并早早地为孩子制定相关标准。在这种高标准下，孩子的压力并不比家长小，而孩子又无处诉说，一直闷在心里。

有的家长说："我从来不打骂孩子。"可这并不代表孩子没有遭受到软暴力，家长对孩子说出的每一句话都应当经过深思熟虑，即便是批评也要对事不对人。一个合格的父母应懂得给孩子创造一个良好的家庭环境，关注孩子的身心健康。

都不用自己动手，爷爷奶奶认为彤彤只需要好好学习即可。结果某日放学后，彤彤因为不懂整理书包被同学嘲笑，竟然有了轻生的想法。

生活里常出现这样的情况，很多家长舍不得让孩子做家务，大到洗衣、做菜，小到收拾床铺、书包，甚至收拾铅笔盒。家长把孩子的学习看得过于重要，认为孩子只要成绩好就是好孩子，也认为孩子没能力做好某些家务，便包揽孩子的一切。

当孩子迈入小学的校门时，家长就应该意识到是时候让孩子独立了。因为孩子开始一整天的时间待在校园，和几十个小朋友一起相处，此时是培养孩子独立的最佳时机，也是培养孩子好习惯的最佳时机。

以孩子整理书包为例，家长为了节约时间，每天都把孩子的书包整理好，但这样的做法让孩子永远也学不到如何把物品分类，甚至都不知道自己的书包里装了什么。当下孩子上学，受罪的往往是家长。每次上学去的时候，唯恐忘带这，忘记带那个，于是孩子背的书包塞得满满的，可越是这样关照孩子，孩子越是丢三落四，越是找不到自己的东西，还要求助于家长。

孩子的好习惯，从自己整理书包开始，他会慢慢地开始收拾自己的房间，自己整理作业，再长大一点还可以自己准备午饭等等。生活习惯贯穿在家庭生活当中，家长要让孩子自己的事情自己做，保证孩子日常生活规律性，家长不要事事包办。

孩子上了小学一年级以后，就要让他自己整理书包，开始对自己负责。最好让孩子每天晚上做完作业，根据课表，将第二天上课用的书本、文具等装进书包，这看似小事一桩，其实是孩子为自己负责的开始。如果一直是家长帮忙整理书包，偶尔落下了课本，孩子就会埋怨家长，将怨气、责任推给家长。

在让孩子自己整理书包时，家长的态度不可强硬，因为孩子可能还不会整理。家长可先和孩子一起交流看法，交流如何将书本文具放置更加合理。然后家长再教给孩子收拾书包的方法，边教边示范，这一过程中有的孩子适应得比较慢，家长要启发孩子明白其中的道理，不能强制性的批评和指责。

在孩子开始自己整理书包后，家长要开始引导和检查孩子收拾书包的效果，帮助孩子提出改进意见，给孩子整理书包提出一个标准。家长不能对这一过程操之过急，而要循序渐进地帮助孩子建立起自己整理书包的好习惯。然后在逐渐地培养孩子下一个阶段的习惯，家长可以给孩子买一张书桌，让他自己整理书桌的东西。如果书桌是杂乱不堪的，那么孩子在学校的课桌也不会井井有条。

书桌也是能体现孩子是否能独立收拾东西的标准，书桌上有笔、橡皮、墨水、字典、教科书、课外书、其他文具等很多东西，孩子每一次整理都要花费很多心思。家长可以教给孩子写作业时每次面前只放一门功课的作业，完成后放回书包里，再取出另一门功课的作业。

家长准备一个或几个大箱子，让孩子把看过的课外书、不用的书本、文具都装进箱子里，教给孩子定期清除书桌周围的杂物。这一个小小的书桌就是孩子的天地，培养他整理好自己的小天地，有助于孩子好习惯的养成。

家长应及早教育孩子自己的事情自己做，根据孩子的年龄，让他干一些力所能及的家务。孩子是很喜欢做家务的，他能在这一过程中体会做事的方法，尽管是小小的家务活，却也隐藏着很多妙招和技巧，孩子可以逐步掌握。而一个个好习惯，就在孩子自己整理床铺、整理书包的过程中养成了。